사도신경 안 외워도 좋지만!

사도신경 안 외워도 좋지만!

초판 1쇄 발행 / 2016년 11월 15일
초판 3쇄 발행 / 2023년 11월 7일

지은이 / 김덕종
펴낸이 / 신은철
펴낸곳 / 좋은씨앗
출판등록 / 제4-385호(1999. 12. 21)
주소 / 서울시 서초구 바우뫼로 156(MJ빌딩), 402호
주문전화 / (02)2057-3041 주문팩스 / (02)2057-3042
이메일 / good-seed21@daum.net

www.facebook.com/goodseedbook

ISBN 978-89-5874-269-2   04230

이 책의 저작권은 〈좋은씨앗〉에 있습니다.
신저작권법에 의하여 보호를 받는 저작물이므로 무단 전재와 복제를 금합니다.

단단한 기독교 시리즈 3

사도신경 안 외워도 좋지만!

김덕종

좋은씨앗

차례

추천의 글 • 6

여는 글 : 당신은 무엇을 믿고 있나요? • 8

1장 사도신경은 무엇인가? • 13

2장 사도신경의 큰 그림 • 17

3장 하나님은 누구신가? • 25

4장 하나님은 무엇을 하셨는가? • 41

5장 예수님은 누구신가? • 51

6장 예수님은 무엇을 하셨는가? • 69

7장 성령님은 누구신가? • 85

8장 교회는 어떤 곳인가? • 95

9장 구원의 은혜 • 113

닫는 글 : 하나님께 얼마나 길들여져 있나요? • 122

추천도서 • 126

추천의 글

기도생활의 표준을 주기도문에서, 구원받은 성도의 삶의 윤리를 십계명에서 배울 수 있다면 사도신경에서는 '성도는 무엇을 믿는가?' 하는 신앙의 핵심 내용을 배울 수 있습니다. 주기도문과 십계명은 성경에 기록되어 있지만 사도신경은 루터가 언급한 것처럼 "마치 꿀벌들이 온갖 아름다운 꽃에서 꿀을 모으듯이 위대한 사도들이 전해 준 성경의 가르침을 요약한 것"으로 개혁 교회는 받아들입니다.

이 책은 사도신경의 내용을 알기 쉽도록 성경에 근거하여 풀어 가면서 독자들로 하여금 신앙의 기초를 든든하게 세우도록 안내하고 있습니다.

서정환_ 안천교회 담임목사

아는 게 힘이라고들 합니다. 물론 제가 지금 하고자 하는 말과는 취지가 다른 말이지만 제겐 아는 게 힘인 것이 맞습니다. 이 추천사를 쓰는 데 한 치도 거리낌 없는 이유가 김덕종 목사를 알고 지낸 세월에 있기 때문입니다. 성실함, 진지함, 열정, 그리고 학문에 대한 폭넓은 이해와 추구! 그래서 읽지 않고 저자만 봐도 참 좋은 책이겠구나 싶었는데, 읽어 보니 정말 좋은 책임이 확증되었습니다. 아는 것이 힘입니다. 신앙은 하나님을 바로 아는 것에서 시작되기 때문입니다.

이 책이 다루고 있는 사도신경은 하나님을 아는 일에 가장 좋은 시작점이 됩니다. 이 책의 제목처럼 사도신경을 안 외워도 좋지만 사도신경을 통해 하나님을 올바로 알아 가는 것은 반드시 필요합니다. 모든 성도에게 일독을 권합니다.

이재성_ 신원예닮교회 담임목사, 서울성경신학대학원대학교 신약학 교수

여는 글
당신은 무엇을 믿고 있나요?

얼마 전 경주에서 큰 지진이 일어났습니다. 저도 집에서 저녁을 먹다가 이 지진을 경험했습니다. 금방 멈추겠지 했는데 흔들림은 꽤 오랫동안(실제로 30초가 채 안 되었지만 더 길게 느껴졌습니다) 계속되었습니다. 태어나서 처음 겪는 일이라 당황하기도 했고, 무슨 일이 생기는 건 아닌가 하는 걱정도 했습니다.

경주 대지진 이후로 사람들 사이에 지진에 대한 관심이 높아지면서 건물의 내진 설계(지진에 견딜 수 있는 구조물의 내구성)에 대한 이야기가 많아졌습니다. 우리나라 건물은 대부분 내진 설계가 되어 있지 않아 지진에 취약하다는 뉴스도 많이 나왔습니다. 지진과 같은 외부의 충격에 건물이 무너지지 않으려면 기초를 단단히 다져야 하고 어떤 흔들림에도 잘 견딜 수 있도록 내진 설계를 해야 합니다.

우리의 신앙도 이런 면에서 생각해 볼 수 있습니다. 신앙을 건물로 생각해 보면, 기초를 튼튼히 하고 흔들리지 않게 골조를 세우는 역할을 하는 것이 교리입니다. 교리는 반드시 알아야 하는 신앙의 주제에 대해 성경이 말하는 바를 체계적으로 정리한 것을 말합니다. 교리를 배우면 우리가 무엇을 믿고 있는지 알 수 있습니다. 하지만 많은 교회에서 교리 공부는 크게 환영받지 못합니다. 교회마다 성경 공부 프로그램은 많지만 교리를 체계적으로 가르치는 경우는 별로 없습니다. 교리는 딱딱해서 재미가 없고 신앙생활에 당장 도움이 되지 않는다는 선입견이 강한 탓입니다.

저도 그랬습니다. 고등학교 2학년 때 연합수련회에 참석했는데, 이때 특강 가운데 하나가 '칼빈의 5대 교리'였습니다. 지금은 더하겠지만 그때도 중고등부 학생에게 이런 강의를 하는 일이 드물었습니다. 특강이 끝난 뒤 다들 뭐가 뭔지 잘 모르겠다는 반응이었습니다. 교리는 재미가 없고 어렵다는 인상만 남았습니다. 대학교를 졸업하고 신학대학원에 가서도 교리 과목에는 별 흥미가 없었습니다. 성경신학 과목을 더 열심히 공부했고, 신대원생들끼리 공부하는 모임도 성경 본문을 연구하는 것이 전부였습니다.

목회자의 길을 걷기 위해 신학을 배우던 저도 교리에 별로 관심이 없었으니 일반 성도들은 어떻겠습니까? 그래서일까요? 신앙생활을 오랫동안 해온 사람이라도 누군가가 "그리스도인으로서 당신의 신앙은 무엇이냐?"고 물어보면 말문이 막히거나 머뭇거립니다. 대답을 하더라도 개인적인 간증에 머무르는 경우가 많습니다. 자신이 경험한 하나님에 대해 이야기하거나 평소 기도 응답받은 일들을 전하기도 하고, 그것도 아니면 신앙서적에서 읽은 내용이나 설교 시간에 들은 내용을 두서없이 늘어놓습니다. 정작 우리가 믿는 기독교 진리, 즉 성경이 말하는 기독교의 핵심은 말하지 않습니다. 사실 우리가 무엇을 믿고 있는지 잘 모릅니다. 제대로 배운 적이 없으니까요.

신학대학원을 졸업하고 교회에서 사역하는 동안에도 특별히 교리에 관심을 더 갖거나 공부할 일이 없었습니다. 그러다 섬기던 교회에서 성경대학을 만들면서 제가 교리 과목을 맡게 되었습니다. 한두 시간 특강이 아니라 일 년에 걸쳐 교리 전체를 가르치는 일이었습니다. 말 그대로 발등에 불이 떨어졌지요.

몇 개월 동안 책과 씨름하며 열심히 교재를 만들었습니다. 이렇게 공부하면서 교리가 조금씩 재미있어지기 시작했습니다. 막연하던 것이 명확해졌고, 신앙생활을 하면서 고민했던 여러 문제를 신앙의 대선배들의 글을 통해 그들과 함께 고민하는 짜릿한 경험도 했습니다.

다만 성도들이 교리 수업을 잘 따라올 수 있을지 걱정이 되었습니다. 그런데 기우였습니다. 의외로 성도들이 교리를 재미있어 하고 잘 따라왔습니다. 그동안 교회의 이런저런 성경 공부 모임에서는 한 번도 교리를 체계적으로 배운 적이 없었는데, 교리 공부를 통해 그동안 두서없이 알고 있던 여러 신앙 지식이 앞뒤가 맞춰지고 좀 더 명확해진 부분이 있다고 나눠 주었습니다. 분명 어려운 부분도 있었지만 그것은 하나님 앞에서 우리를 겸손하게 만들었습니다.

감동적인 설교도 좋고, 풍성한 은혜도 좋고, 친밀한 교제도 좋고, 소그룹 모임도 좋지만 우리는 교리라는 조금은 딱딱한 음식도 먹을 수 있어야 합니다. 사실 기독교 진리는 멀리 있지 않습니다. 우리가 매 주일 교회에서 예배드릴 때 고백하는 사도신경에 기독교가 믿는 바가 오롯이 담겨 있습니다. 사도신경은 오랜 교회 역사 속에서 성령의 인도하심으로 만들어진 신앙 고백서입니다. 초대교회가 성도에게 올바른 진리를 가르치고 수많은 이단의 거짓 가르침으로부터 보호하기 위해 만든 것입니다. 사도신경은 잘 정리된 기독교 교리의 축소판과 같습니다. 사도신경의 한 구절 한 구절이 기독교 교리의 한 주제 한 주제가 됩니다. 사도신경을 공부하면 기독교 교리의 큰 틀을 제대로 배울 수 있습니다.

그동안 사도신경을 의미 없이 암송하지는 않았는지요? 암송이 사도신경에 대해 우리가 취해야 할 자세의 전부는 아닙니다. 암송하지는 못하더라도 그 안에 담긴 고백들이 무엇을 말하는지 제대로 알아야 합니다. 그래야 우리에게 "당신의 신앙은 무엇이냐?"고 묻는 이들에게 정확하게 대답할 수 있습니다. 또한 외부로부터 어떤 큰 충격이 있어도 흔들리지 않게 됩니다.

이제 사도신경을 함께 살펴보려고 합니다. 사도신경을 통해 교회는 무엇을 믿는지, 그것이 무엇을 의미하는지, 그러면 우리는 어떻게 살아야 하는지에 대한 대략적인 큰 그림을 그릴 수 있습니다. 교리적인 이야기라고 지레 걱정하지 마십시오. 이 책은 전문적인 신학서적이 아니라, 조금 더 깊은 신앙으로 인도하는 안내서입니다.

자, 그럼 이제 안내서를 펼쳐 볼까요?

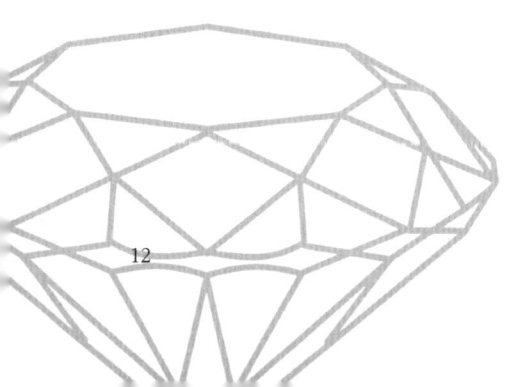

1. 사도신경은 무엇인가?

많은 교회에서 주일 예배 시간에 사도신경을 암송합니다. 예배 순서지에는 보통 '신앙 고백'이라고 되어 있고, 그 시간에 사도신경을 암송합니다. 설교의 내용도 매주 바뀌고, 찬송가도 매주 바뀌지만, 사도신경은 매주 똑같은 내용을 고백합니다.

사도신경이 뭐길래 이렇게 매주 반복할까요?

우선 말 자체의 뜻을 살펴보겠습니다. '사도'는 예수님의 열두 제자를 가리키는 말입니다. 예수님은 이 땅에 계실 때 열두 명의 제자를 직접 세우시고 이들과 함께 일하셨습니다. 이 사람들을 예수님의 열두 사도라고 부릅니다.

'신경'은 신조라고 부르기도 합니다. 이 말은 '크레도'(Credo)라는 라틴어에서 나왔는데, '나는 믿습니다'라는 뜻입니다. 신경은 교회가 무엇을 믿는지 정리해 놓은 것을 말합니다. 즉 교회의 신앙 고백입니다.

성경에는 그리스도인이 무엇을 믿어야 하는지가 나와 있습니다. 우리가 믿는 하나님이 어떤 분이신지, 예수님이 어떤 일을 하셨는지가 자세하게 기록되어 있습니다. 그런데 그 내용이 무척 많습니다. 구약이 39권, 신약이 27권인데, 장수를 모두 합치면 1,189장이고, 절수는 31,173절입니다. 이 많은 내용을 다 기억할 수 없습니다. 그래서 성경 말씀 가운데 교회가 믿어야 하는 핵심 내용을 정리한 것이 바로 신경(신조)입니다.

정리하면, 사도신경은 '사도들의 신앙 고백'입니다. 예수님의 제자들, 즉 사도들의 가르침을 잘 요약한 것이 바로 사도신경입니다. 그런데 이 말은 오해할 여지가 있습니다. 사도신경을 사도들이 만들었다고 생각하는 거지요.

어떤 책에 이런 이야기가 나옵니다. 예수님이 부활하고 승천하신 후 10일째 되던 날 제자들이 모여 있는데 성령님이 임하셨습니다. 이때 제자들이 성령 충만하여 한 사람씩 돌아가면서 한 구절씩 이야기한 것이 사도신경이 되었다는 것입니다. 이것은 별로 신빙성이 없고 그냥 전설과 같이 전해 오는 이야기에 불과합니다. 사도들의 신앙 고백이라는 말이 사도들이 직접 한 말을 받아 적었다는 뜻은 아닙니다.

그러면 사도신경은 누가 어떻게 만들었을까요? 어떤 뛰어난 한 사람이 연구실에 앉아서 만들지 않았습니다. 교회 역사에서 자연스럽게 만들어졌습니다.

초창기 교회에 세례문답서라는 것이 있었습니다. 세례문답서는 어떤 사람이 세례를 받고자 할 때 그 사람에게 정말로 신앙이 있는지를 확인하고 가르치기 위해 만든 문서입니다. 이 세례문답서에는 신앙 고백이 담겨 있습니다. 세례문답서가 문답의 형식에서 점차 선포의 형식으로 바뀌었습니다. 그러다가 8세기경에 오늘날 우리가 보고 있는 것과 같은 내용으로 확정되었지요.

사도신경의 내용이 성경에 똑같이 나와 있지는 않습니다. 하지만 성경에 기록된 사도들의 교훈을 따라 만들어졌고, 기독교 역사에서 오랜 시간 사용되었습니다. 교회를 대표하는 신앙 고백서의 자격이 충분합니다.

우리가 성경에서 알아야 할 내용이 많지만, 사도신경을 통해 우리가 무엇을 믿는지 가장 잘 정리할 수 있습니다. 이제 사도신경의 내용을 찬찬히 살펴볼까요?

> 사도신경,
> 그것이 궁금하다!

다른 신조들도 있는데 왜 사도신경인가?
교회사를 보면, 사도신경 외에도 니케아 신조, 아타나시우스 신조, 니케아-콘스탄티노플 신조, 칼케돈 신조 같은 여러 신앙 고백서들이 공식적으로 인정받고 사용된 것을 알 수 있다. 여러 신앙 고백서가 종교회의를 통해 논의되고 결정되었지만, 사도신경은 그렇게 정해진 신앙 고백서가 아니다.

그럼에도 불구하고 교회가 공예배에서 사도신경을 사용하게 된 것은, 마르틴 루터의 영향이 컸다. 루터 이전에도 사도신경은 다른 신조들과 함께 교회에서 사용되었다. 공예배는 아니더라도 세례문답에서 종종 사용되었다. 종교 개혁을 일으킨 루터의 견해에 따라 루터교회가 본격적으로 사도신경을 사용하면서 오늘날 우리도 사용하게 되었다. 루터가 사도신경에 큰 가치를 둔 것은 그것이 서려 계체의 요약이면서 사도들의 신앙 고백과 일치했기 때문이다. 이후 츠빙글리와 칼빈 등에 의해 교회는 사도신경을 다른 신조보다 중요하게 다루기 시작했고, 오랫동안 교회에서 널리 사용되던 니케아-콘스탄티노플 신조는 점차 예배에서 사라지게 되었다.

2. 사도신경의 큰 그림

사도신경의 구조

우리가 신앙생활을 하게 되면 암송해야 할 것이 몇 가지 있습니다. 주기도문, 사도신경, 십계명입니다.

제가 어릴 때 기억이 납니다. 주기도문, 사도신경, 십계명을 한 번씩 쓰면 어머니가 100원씩 주셨습니다. 그래서 내용이 뭔지도 잘 모르면서 용돈을 받으려고 열심히 썼습니다. 그러다 보니 자연스레 외우게 되었습니다. 신앙생활의 가장 기본이 되는 것이므로 이 세 가지는 꼭 외우는 것이 좋습니다.

이제 사도신경을 살펴보겠습니다.

나는 전능하신 아버지 하나님, 천지의 창조주를 믿습니다.

나는 그의 유일하신 아들, 우리 주 예수 그리스도를 믿습니다.

그는 성령으로 잉태되어 동정녀 마리아에게서 나시고,

본디오 빌라도에게 고난을 받아 십자가에 못 박혀 죽으시고,

장사된 지 사흘 만에 죽은 자 가운데서 다시 살아나셨으며,

하늘에 오르시어 전능하신 아버지 하나님 우편에 앉아 계시다가,

거기로부터 살아 있는 자와 죽은 자를 심판하러 오십니다.

나는 성령을 믿으며, 거룩한 공교회와 성도의 교제와

죄를 용서받는 것과 몸의 부활과 영생을 믿습니다.

아멘.

사도신경은 크게 세 부분으로 나눌 수 있습니다. 어떻게 나눌 수 있을까요? 앞에서 '신경'의 뜻이 '나는 믿습니다'라고 했습니다. 바로 이 말이 기준이 됩니다.

그럼 한번 찾아볼까요?

가장 먼저 첫째 줄에 나옵니다. "나는 전능하신 아버지 하나님, 천지의 창조주를 믿습니다."

다음은 두 번째 줄에 나옵니다. "나는 그의 유일하신 아들, 우리 주 예수 그리스도를 믿습니다."

세 번째는 마지막 줄과 그 위의 줄에 나옵니다. "나는 성령

을 믿으며, 거룩한 공교회와 성도의 교제와 죄를 용서받는 것과 몸의 부활과 영생을 믿습니다."

첫 번째는 성부 하나님을 믿는다는 고백이고, 두 번째는 성자 예수님을 믿는다는 고백이고, 세 번째는 성령 하나님을 믿는다는 고백입니다. 나머지 내용은 우리가 믿는 성부 하나님, 성자 예수님, 성령 하나님이 어떤 분이신지에 대한 구체적인 설명입니다.

이것을 알기 쉽게 정리해 보겠습니다.

    나는 믿습니다 : 하나님
        전능하신 아버지
        천지의 창조주

    나는 믿습니다 : 예수
        그리스도
        하나님의 유일하신 아들
        우리 주
        성령으로 잉태되어
        동정녀 마리아에게 나시고
        본디오 빌라도에게 고난을 받아

십자가에 못 박혀 죽으시고

장사된 지

사흘 만에 죽은 자 가운데서 다시 살아나셨으며

하늘에 오르시어

전능하신 아버지 하나님 우편에 앉아 계시다가

거기로부터 살아 있는 자와 죽은 자를 심판하러

오십니다.

나는 믿습니다 : 성령

 거룩한 공교회

 성도의 교제

 죄를 용서받는 것

 몸의 부활

 영생

이렇게 보니까 분명하지요? 사도신경은 성부 하나님에 대한 고백, 성자 예수님에 대한 고백, 성령 하나님에 대한 고백으로 이루어져 있습니다. 이제 각각의 고백이 어떤 의미를 갖고 있는지 하나씩 살펴보겠습니다.

삼위일체, 하나님만의 독특한 존재 방식

방금 우리는 사도신경이 성부 하나님, 성자 예수님, 성령 하나님에 대한 고백이라고 했습니다. 삼위일체는 이 세 분의 관계를 설명하는 말입니다. 먼저 분명히 해야 할 것은 성부 하나님, 성자 예수님, 성령 하나님은 다 하나님이라는 사실입니다.

사람들이 기도할 때 "하나님 아버지"라고 말합니다. 이것은 거룩하신 아버지, 즉 성부 하나님을 말하는 것입니다. 또 기도를 마칠 때 "예수님의 이름으로 기도합니다"라고 말합니다. 이 예수님은 아버지 하나님의 거룩하신 아들, 즉 성자 하나님입니다. 마지막으로 사람들이 "성령을 주옵소서", "성령의 능력을 힘입게 하옵소서"라고 기도합니다. 이 성령은 거룩하신 영이신 성령 하나님을 가리킵니다.

'삼위'라는 말은 이 세 하나님을 가리킵니다. 삼위 하나님이 독립적으로 존재하십니다. 그 존재와 영광과 권세에 있어서 동등하십니다. 성자라고 해서 성부 하나님 밑에 있는 것이 아닙니다. 삼위 하나님 사이에는 차등도 없고, 누가 누구 밑에 종속되지도 않습니다.

그렇다면 하나님은 세 분이신가요? "세 분이신 하나님"이라고 말하면 이해하기 쉬울 것 같습니다. 그리스 로마 신화에 보면 제우스, 헤라, 아폴론, 아테네 같은 여러 신들이 나옵니다. 그런 것처럼 하나님도 성부, 성자, 성령 세 분이라고 말하면 간단할 것입니다. 하지만 성경은 그렇게 말하지 않습니다. 하나님은 한 분이시라고 말합니다. 이것이 '일체'라는 말입니다.

정리해 보겠습니다. 하나님은 성부, 성자, 성령 각각 독립적인 세 인격으로 존재하시는데, 이 세 인격이 한 분 하나님이십니다. 이것이 바로 삼위일체라는 말의 뜻입니다.

이때 '일체'라는 말 때문에 자칫 오해할 수도 있습니다. '일체'라고 하니까 하나의 몸을 생각하는 것이지요. 그래서 몸 하나에 머리가 셋 달린 모습을 연상하기도 합니다. 아니면 한 몸에 여러 인격이 있는 다중인격자를 생각하기도 합니다. 하지만 그렇지 않습니다. 일체라는 말은 그런 눈에 보이는 형상을 의미하는 것이 아니고, 세 인격이신 하나님이 우리가 알지 못하는 신비한 연합으로 하나 되신다는 말입니다.

이해하기가 쉽지 않지요? 솔직히 저도 잘 모르겠습니다. 이해할 수 없는 것이 당연합니다. 이것은 우리 인간이 이해할 수 있는 범위를 넘어서는 일입니다. 우리 인간은 이런 식으로 존재하지 않습니다. 그러니 하나님이 삼위일체로 존재하신다는 것이 무엇인지 상상조차 할 수도 없습니다. 삼위일체는 하나님만 가지고 계신 독특한 존재 방식입니다.

잘 이해할 수 없는 것을 억지로 설명할 필요는 없습니다. 예전에는 교회에서 삼위일체를 쉽게 설명한다고 이런저런 예화를 들어 설명하곤 했습니다.

"집에 아버지가 계시지? 한 사람이지만 집에서는 아버지, 회사에서는 부장님, 교회에서는 집사님이야."

이 설명의 문제점은 무엇일까요?

아버지는 그냥 한 인격체입니다. 한 인격체인 아버지가 때와 장소에 따라 신분과 위치가 달라지는데, 삼위일체는 이런 것이 아닙니다. 하나님은 세 인격으로 존재하시는 분입니다.

또 이런 설명도 있습니다.

"사과는 껍질, 과육, 씨로 이루어져 있다. 이 셋이 모여서 하나의 사과가 된다."

이 설명의 문제점은 무엇일까요?

껍질이나, 과육, 씨는 사과를 이루는 요소이지만 그것 자체가 완전한 사과는 아닙니다. 이와 달리 성부, 성자, 성령 하나님은 한 분 한 분이 완전한 하나님이십니다.

삼위일체 교리는 결코 인간이 제대로 이해할 수 없습니다. 우리는 다만 하나님이 삼위일체로 존재하신다고 성경이 말하니까 믿을 뿐입니다. 우리가 알 수 없는 것을 알 수 없다고 고백하는 것도 신앙의 한 모습입니다.

3. 하나님은 누구신가?

전능하신 하나님

소개팅을 해본 기억이 있나요? 친구가 누군가를 소개해 주겠다고 해서 이야기를 들어 보니 너무 괜찮은 사람인 것 같습니다. 그래서 한번 만나 보기로 합니다. 그러자 주선하는 친구가 이렇게 말합니다. "야, 그 사람에게도 네가 어떤 사람인지 말해야 하는데, 딱 한마디로 너를 어떤 사람이라고 이야기할까?"

이때 뭐라고 대답하겠습니까? 자신을 딱 한마디로 소개한다면 어떤 사람이라고 말할 수 있을까요? 똑똑한 사람? 잘생긴 사람? 돈 많은 사람? 신앙이 좋은 사람? 대답하기가 쉽지 않습니다.

사도신경에서 가장 먼저 나오는 신앙 고백은 성부 하나님에 대한 고백입니다. 하나님은 어떤 분이실까요? 이 질문에 대한 답이 성경 전체에 나와 있습니다. 성경은 창세기부터 요한계시록까지 하나님이 어떤 분이신지에 대해 말하고 있습니다. 그 많은 내용 가운데 딱 한마디로 하나님을 소개하는 것이 사도신경의 첫 번째 고백입니다. 이 고백은 하나님이 어떤 분이신지를 보여 주는 핵심 내용입니다.

사도신경은 하나님을 전능하신 아버지, 천지의 창조주라고 고백합니다. 여기서 '전능하신 아버지'는 하나님이 어떤 분이신지에 대한 고백이고, '창조주'는 하나님이 무엇을 하셨는지에 대한 고백입니다. 즉 하나님의 존재와 하나님의 사역이라고 말할 수 있습니다.

먼저 하나님의 존재에 대한 이야기를 해보겠습니다. 하나님은 스스로 계신 분으로 누가 만들거나 창조하지 않았습니다. 하나님은 불변하신 분으로 하나님의 생각과 뜻과 계획은 인간과 달리 바뀌지 않습니다. 하나님은 영원하신 분으로 시간에 구애를 받지 않으십니다. 하나님은 어디에나 계시는 분으로 공간의 제약을 받지 않으십니다. 또 하나님은 거룩하시고, 선하시며, 의로우시고, 지혜로우시며, 사랑이십니다. 이처럼 하나님이 어떤 분이신지에 대해 다양하게 말할 수 있습니다.

사도신경은 하나님을 전능하신 분이라고 소개합니다. 하나님은 뭐든지 하실 수 있는 분, 불가능한 일이 없으신 분이라는 고백입니다. 하나님에 대한 많은 묘사 가운데 왜 전능하신 분이라고 소개하는지 그 이유를 우리가 정확히 알 수는 없습니다. 다만 모든 것을 종합하고 요약하는 의미로 전능하신 분이라고 고백한 것 같습니다.

그리고 '전능하신 하나님'이라는 표현은 하나님이 자신을 직접 소개한 말이기도 합니다. 이 표현이 성경에 많이 나오는데, 그중 구약성경 첫 번째 책인 창세기 17장에 가장 먼저 나옵니다. 창세기 17장의 내용은 하나님과 아브라함의 대화입니다. 하나님은 아브라함을 부르시고 하늘의 별과 바다의 모래와 같이 많은 자손을 주겠다고 약속하셨습니다.

하지만 정작 아브라함은 자식이 하나도 없었습니다. 아브라함이 80세가 넘도록 아내 사라는 자식을 낳지 못했습니다. 그래서 아브라함은 사라의 여종 하갈에게서 아들을 낳았습니다. 이것은 하나님이 원하시는 방법이 아니었습니다. 아브라함이 하나님의 약속을 기다리다 못해 자기 마음대로 행동한 것이지요. 이때 아브라함의 나이가 86세였습니다. 이 이야기가 창세기 16장에 나옵니다. 창세기 16장 마지막 절과 17장 첫 절을 함께 보겠습니다.

하갈이 아브람에게 이스마엘을 낳았을 때에 아브람이 팔십육 세였더라(창 16:16).

아브람이 구십구 세 때에 여호와께서 아브람에게 나타나서 그에게 이르시되 나는 전능한 하나님이라. 너는 내 앞에서 행하여 완전하라(창 17:1).

창세기 16장을 보면, 아브라함이 이스마엘을 낳았을 때가 86세이고, 17장에서 하나님이 그에게 다시 나타나셨을 때가 99세입니다. 13년의 공백이 있습니다. 하나님이 아브라함을 처음 부르실 때가 75세였습니다. 아브라함을 75세에 처음 부르시고 86세에 이스마엘을 낳을 때까지 11년 동안 하나님은 아브라함에게 여러 번 나타나셨습니다. 그런데 아브라함이 자기 마음대로 이스마엘을 낳은 뒤에는 13년 동안 침묵하십니다. 그렇다고 하나님이 아브라함을 포기하신 게 아닙니다. 아브라함이 99세 때 다시 나타나십니다. 왜 하나님은 13년 동안 침묵하며 기다리셨을까요?

13년 만에 나타나셔서 처음으로 하시는 하나님의 자기소개에 그 힌트가 있습니다. "나는 전능한 하나님이라."

사도신경에 나오는 전능하신 하나님이라는 말이 바로 여기에서 나옵니다. 하나님이 자신을 전능한 하나님이라고 소개하십니다. 이제 인간이 생각하기에는 도저히 불가능한 일을 하시겠다는 의지의 표현입니다.

그것이 무엇일까요? 아브라함이 자식을 갖는 일입니다. 창세기 17장을 계속 읽어 보면, 하나님이 아브라함에게 내년에 아내 사라를 통해 아들을 낳을 것이라고 말씀하십니다. 이 말씀을 듣고 아브라함은 마음속으로 비웃었습니다. 게다가 이런 말까지 했습니다. "하나님, 그냥 지금 있는 이스마엘이나 하나님 앞에서 살기를 원합니다."

하나님의 말씀을 믿지 못하고 완전히 무시하고 있습니다. 사실 아브라함의 행동이 이해가 안 되는 것은 아닙니다. 아브라함은 86세에 자식을 낳았습니다. 86세에 자식을 낳는 것이 쉬운 일은 아니지만 불가능한 일로 생각하지는 않았나 봅니다. 그러니 아내의 여종을 취했겠지요. 하지만 이제는 99세입니다. 내년에는 100세가 되고, 아내 사라는 90세가 됩니다. 이건 도저히 말이 안되는 상황입니다.

하나님은 말이 안되는 이 상황을 기다리셨습니다. 아브라함이 도저히 인간의 힘으로는 아이를 가질 수 없다고 생각할 때까지, 전혀 불가능하다고 생각하는 그 순간까지 기다리셨습니다. 그래야 하나님이 어떤 분이신지 아브라함이 제대로 알 수 있을 테니까요. 더 이상 자기 마음대로 살지 않고 하나님을 온전히 의지할 수 있을 테니까요.

하나님은 인간이 도저히 불가능하다고 생각하는 것을 하실 수 있는 분이십니다. 우리의 생각과 상식을 뛰어넘는 전능한 분이십니다. 물론 그리스도인은 상식적인 사람이 되어야 합니다. 간혹 상식에서 벗어난 행동을 하는 신자들 때문에 교회가 욕을 먹습니다. 하지만 기독교는 단순히 상식적인 종교가 아니라 상식을 뛰어넘는 종교입니다. 우리는 인간의 상식을 뛰어넘는 전능하신 하나님을 믿는 사람들입니다.

그렇다면 전능하신 하나님을 믿는 사람들은 어떻게 살아야 할까요? 자신을 전능하다고 소개하신 하나님은 아브라함에게 이렇게 말씀하십니다.

> 너는 내 앞에서 행하여 완전하라.

하나님 앞에서 행하여 완전하라고 요구하십니다. 여기서 '앞에서'라는 단어의 원어에는 '얼굴'이라는 의미가 있습니다. 하나님의 얼굴 앞에서 행하라는 말입니다. 이렇게 살려고 노력했던 사람들이 있습니다. 암흑 같은 중세시대를 지나면서 종교개혁이 일어났습니다. 타락한 교회를 성경 말씀 위에 다시 세우려는 사람들이 외쳤던 신앙 구호가 있습니다. "코람데오!" 이것은 '하나님 앞에서'라는 말입니다. 무엇을 하든지, 어디에 있든지 하나님의 얼굴 앞에서 하는 것처럼 살겠다는 신앙 고백입니다. 하나님의 전능하심을 믿는 사람은 먼저 '하나님 앞에서'라는 신앙 고백을 가지고 살아야 합니다.

또 하나님은 아브라함에게 완전하라고 말씀하십니다. 여기에 쓰인 '완전'이라는 단어는 하나님께 드리는 제물을 묘사할 때 사용했던 단어입니다. 구약성경 레위기는 하나님께 제사를 드리는 법에 대해 자세히 설명하고 있습니다. 레위기 1장 3절에 이런 말씀이 나옵니다.

> 그 예물이 소의 번제이면 흠 없는 수컷으로 회막 문에서 여호와 앞에 기쁘게 받으시도록 드릴지니라.

여기에 쓰인 '흠 없는'이라는 단어에 '완전하다'는 의미가 있습니다. 이것은 우리가 하나님 앞에서 완전하여 흠 없이 되었을 때 하나님께 온전히 드려질 수 있다는 것을 의미합니다.

물론 우리가 완벽할 수는 없습니다. 예수님을 믿은 후에도 우리 안에는 여전히 죄의 속성들이 남아 있습니다. 중요한 것은 삶의 방향입니다. 여전히 우리 안에 남아 있는 죄의 속성을 따라갈 것인지, 아니면 하나님 앞에서 살 것인지를 결정해야 합니다.

하나님이 전능하신 분임을 정말로 믿는다면 우리 마음대로 살아서는 안 됩니다. 우리가 불가능하다고 여기는 그 순간에도 일하시는 하나님을 믿는다면, 세상의 악한 방식이나 사람을 의지하지 않고 하나님만 의지하며 살아야 합니다. 하나님의 전능하심을 믿는 사람은 하나님을 단순히 램프의 요정 지니처럼 뭐든지 다 할 수 있는 분으로 믿는 것이 아니라 하나님 앞에서 행하여 완전하게 살려고 노력해야 합니다.

아버지 하나님

김춘수 시인의 '꽃'이라는 시를 아시지요?

　　내가 그의 이름을 불러 주기 전에는
　　그는 다만
　　하나의 몸짓에 지나지 않았다.

　　내가 그의 이름을 불러 주었을 때

그는 나에게로 와서

꽃이 되었다.

누군가의 이름을 불러 주는 것은 아주 특별한 의미가 있습니다. 성경에서도 이름은 굉장히 중요합니다. 이름을 통해 그 사람이 어떤 사람인지를 보여 주는 경우가 많습니다. 그래서 하나님이 직접 사람의 이름을 지어 주시기도 하고, 이름을 바꾸어 주시기도 합니다.

사람의 이름이 이렇게 중요하다면, 하나님의 이름은 더 말할 필요가 없겠지요. 성경에 나타난 하나님의 이름을 살펴보면 하나님이 어떤 분이신지 알 수 있습니다. 구약성경은 히브리어로 기록되었는데, 히브리어는 지금도 이스라엘 사람들이 쓰는 말입니다. 하나님의 이름이 히브리어로 어떻게 기록되었는지 살펴보겠습니다.

구약성경에서 하나님을 부르는 이름 가운데 가장 많이 쓰인 이름이 '엘로힘'입니다. 우리가 하나님이라고 부를 때 이 '하나님'이 바로 엘로힘입니다. 이 말은 '최고'라는 의미를 갖고 있습니다. 힘과 능력을 가진 분임을 나타내는 이름이자 하나님의 최고 신성을 나타내는 이름입니다.

다음은 '여호와'라는 이름인데, 좀 특별합니다. 하나님이 사람에게 직접 알려 주신 이름이기 때문입니다. 출애굽기에 보면 하나님이 이스라엘 백성을 이집트(애굽)에서 구원하기 위해 모세를 부르시는 장면이 나옵니다. 이때 하나님이 자신을 소개하면서 모세에게 알려 주신 이름이 바로 '여호와'입니다. 이 이름은 '나는 스스로 있는 자'라는 뜻입니다. 스스로 계신 하나님이 사람들에게 자신이 누구인지를 알려 주셨습니다. 이것은 하나님이 사람과 특별한 관계에 들어갔다는 것을 보여 줍니다.

마지막으로 구약성경에 많이 나오는 하나님의 이름은 '아도나이'입니다. 이 이름은 '다스리는 자' 혹은 '주님'이라는 뜻입니다. 천지를 창조하신 하나님이 모든 만물을 다스리시는 통치자라는 것을 보여 주는 이름입니다.

이제 신약성경을 살펴보겠습니다. 신약성경은 그리스어로 기록되었는데, 지금도 그리스에서 사용하는 언어입니다. 구약성경에 나오는 하나님의 이름이 신약성경에는 그리스어로 번역되어 있습니다.

가장 대표적인 이름이 '데오스'인데, 구약의 '엘로힘'을 번역한 하나님의 이름입니다.

다음은 '퀴리오스'인데, '아도나이'를 번역한 이름입니다. '주님'이라는 뜻입니다. 그런데 이 '퀴리오스'에는 '여호와'라는 뜻도 있습니다. 구약시대 사람들은 하나님의 이름을 부르는 것을 꺼렸습니다. 특히 하나님이 직접 알려 주신 '여호와'라는 이름은 더욱 꺼렸습니다. 그래서 성경에 '여호와'라는 이름이 나오면 '주님' 혹은 '아도나이'로 읽었습니다. 이 전통이 신약성경에 이어져서 퀴리오스에는 '여호와'라는 뜻도 담겨 있습니다.

이제 마지막으로 살펴볼 이름은 '파테르'인데, '아버지'라는 뜻입니다. 신약성경에서는 하나님을 아버지라 부릅니다. 물론 구약성경에도 하나님을 아버지와 같은 분으로 묘사한 부분이 많습니다. 그러나 하나님을 아버지라고 직접 부르지는 않습니다. 신약성경에서는 하나님을 아버지라고 부르고, 심지어 '아빠'라는 표현도 나옵니다. 로마서 8장 15절을 보겠습니다.

> 너희는 다시 무서워하는 종의 영을 받지 아니하고 양자의 영을 받았으므로 우리가 아빠 아버지라고 부르짖느니라.

여기에 나오는 '아빠'는 우리말 '아빠'가 아닙니다. 이 말은 아람어를 발음 그대로 쓴 말입니다. 영어성경에도 'ABBA'라고 되어 있습니다.

아람어는 예수님 당시 유대인들이 사용하던 말인데, 신약성경을 읽다 보면 가끔 아람어가 나옵니다. 신약성경을 보면

낯선 단어가 나오고 곧이어 설명이 나오는 경우가 있습니다. 예를 들어 "에바다"(막 7:34)라는 말이 나오고 곧바로 "이는 열리라는 뜻이라"고 하면서 설명이 나옵니다. 또 "달리다굼"(막 5:41)이라는 말은 "소녀야 일어나라"는 뜻입니다. 그리고 예수님이 십자가에서 하신 아주 유명한 말씀도 있습니다. "엘리 엘리 라마 사박다니"(마 27:46)는 "나의 하나님, 나의 하나님, 어찌하여 나를 버리셨나이까"라는 뜻입니다.

로마서 8장 15절도 이와 같은 형식입니다. "아빠 아버지"에서 '아빠'는 아람어 발음을 그대로 쓴 것이며, '아버지'라는 뜻입니다. 그런데 재미있게도, 아람어 '아빠'와 우리말 '아빠'의 뜻이 유사합니다. 아람어 '아빠'도 어린아이가 아버지를 부르는 말입니다. 서로 다른 나라 말인데 발음도 같고 뜻도 같습니다.

우리가 하나님을 아빠, 아버지라고 부릅니다. 우리가 아버지라 부르는 하나님은 전능하신 분입니다. 우리가 이런 분을 아버지라고 부를 수 있게 된 것은 정말 놀라운 일입니다. 이 일을 가능하게 하신 분이 예수님입니다. 예수님이 먼저 하나님을 아버지라 부르시고 제자들에게도 하나님을 아버지로 부르도록 말씀하셨습니다. 가장 대표적인 말씀이 우리가 잘 아는 주기도문의 첫 구절에 나옵니다.

하늘에 계신 우리 아버지여.

하늘에 계신 하나님을 아버지라고 부르고 있습니다. 너무 당연한 이야기이지만, 하나님이 우리 아버지가 되시면 우리는 하나님의 자녀가 됩니다. 우리가 어떻게 하나님의 자녀가 되었습니까? 요한복음 1장 12절은 이렇게 말합니다.

영접하는 자 곧 그 이름을 믿는 자들에게는 하나님의 자녀가 되는 권세를 주셨으니.

예수님을 믿고 영접하는 사람은 하나님의 자녀가 됩니다. 우리가 본래는 죄 때문에 하나님의 자녀가 아니었습니다. 하지만 예수님이 십자가에서 우리를 대신하여 죽으시고 부활하셔서 우리는 죄를 용서받고 하나님의 자녀가 되었습니다.

하나님이 우리 아버지시라니요! 불가능한 일이 전혀 없으신 전능한 분이 바로 내 아버지가 되십니다. 게다가 이 아버지는 나를 정말 사랑하십니다. 요즈음 부모가 자녀를 학대하는 기사를 심심찮게 보게 됩니다. 하지만 우리 아버지 하나님은 다릅니다. 자녀를 위해 자기 목숨마저 버리시는 분입니다.

이 세상을 살아가면서 내가 누구의 편이냐는 아주 중요한 문제입니다. 그래서 사람들은 줄을 잘 서야 한다고 말합니다. 하지만 내가 누구의 편이냐보다 더 중요한 것은 누가 내 편이냐 하는 것입니다. 누가 내 말을 들어주고 나를 도와줄 수 있느냐가 더 중요합니다. 하나님이 나의 아버지가 되십니다. 전능하신 창조주가 내 편이라는 말입니다. 전능하신 아버지가 내 편이 되어 나를 돌보시고 지키시며 인도하십니다.

최근 뉴스에 금 수저니, 흙 수저니 하는 말들이 많이 나오는데 우리는 다이아몬드 수저를 가진 사람들입니다. 이 세상이 악하고 때로는 우리를 힘들게 해도 우리는 쩨쩨하게 살지 않고 가슴을 쫙 펴고 당당하게 살아갈 수 있습니다. 하나님이 우리 아버지가 되시기 때문입니다.

우리가 하나님의 자녀이기에 마땅히 살아야 할 모습이 있습니다. 창세기에 보면, 하나님이 인간을 하나님의 모양과 형상대로 창조하셨다고 나옵니다. 하나님의 형상대로 창조되었다는 것은, 피조물인 인간이 창조주 하나님을 닮은 존재로 창조되었다는 말입니다. 하나님을 닮았다는 것은 겉모습이 닮았다는 뜻이 아닙니다. 하나님은 육체가 없으십니다. 하나님을 닮았다는 것은 하나님의 성품을 닮은 존재라는 말입니다. 예수님은 누가복음 6장 36절에서 이렇게 말씀하십니다.

> 너희 아버지의 자비로우심같이 너희도 자비로운 자가 되라.

우리는 자비로운 사람이 되어야 합니다. 그런데 그 기준이 누구입니까? 슈바이처 박사? 마더 테레사? 아마 이들처럼만 살아도 굉장할 것입니다. 하지만 예수님이 말씀하시는 기준은 하나님 아버지의 자비로우심입니다. 우리가 본받고 따라야 하는 자비의 기준이 하나님의 자비입니다. 왜 하나님이 기준이 되시는 것일까요? 하나님이 우리 아버지이시고, 우리가 그분의 자녀이기 때문입니다.

하나님의 자녀로 어떻게 살아야 하는지가 성경 곳곳에 나오는데, 한 군데만 더 살펴보겠습니다. 에베소서 5장 8-9절입니다.

> 너희가 전에는 어둠이더니 이제는 주 안에서 빛이라. 빛의 자녀들처럼 행하라. 빛의 열매는 모든 착함과 의로움과 진실함에 있느니라.

우리가 예수님을 믿기 전에는 어둠이었습니다. 하지만 이제는 주 안에서 빛이 되었습니다. 그러면 어떻게 살아야 할까요? 빛의 자녀로 살아야 합니다. 영원한 빛이신 하나님의 자녀로 살아야 합니다.

이 세상은 적당히 나쁜 짓을 하면서, 의롭지 못한 방법으로 타협도 하고, 거짓말도 조금은 할 줄 알아야 성공하는 인생을 살 수 있다고 강요합니다. 하지만 성도는 이런 세상에서도 착하게, 의롭게, 진실하게 살아야 합니다. 그 이유는 간단합니다. 빛이신 하나님의 자녀이기 때문입니다.

하나님은 우리 아버지이시고, 우리는 하나님의 자녀입니다. 이것은 정말 엄청난 특권이자 축복입니다. 우리는 이 축복과 특권을 누리며 살아야 합니다. 이와 동시에 하나님의 자녀라는 삶의 무게 역시 감당하며 살아야 합니다.

4. 하나님은 무엇을 하셨는가?

창조주 하나님

사도신경에서 두 번째로 고백하는 하나님은 창조주 하나님입니다. 이것은 하나님이 무엇을 하셨는지에 대한 고백입니다. 성경의 첫 번째 책 창세기 1장 1절, 그러니까 성경에 가장 먼저 나오는 말이 이것입니다.

> 태초에 하나님이 천지를 창조하시니라.

성경은 하나님이 이 세상을 창조하셨다는 선언으로 시작됩니다. 이 선언 뒤에 하나님이 어떻게 세상을 창조하셨는지에 대한 내용이 좀 더 구체적으로 나옵니다.

하나님은 6일 동안 세상을 창조하셨습니다. 첫째 날에는 빛과 어둠을 나누시고, 둘째 날에는 하늘을 만드셨습니다. 셋째 날에는 바다와 육지를 나누시고 식물을 만드셨습니다. 넷째 날에는 빛을 주관하는 해와 달과 별을 만드시고, 다섯째 날에는 하늘의 새와 바다의 물고기를 만드셨습니다. 마지막 여섯째 날에는 땅 위에 사는 동물과 사람을 만드셨습니다. 하나님은 창조 사역을 다 완성하시고 일곱째 날에는 안식하셨습니다.

우리는 창세기에 나오는 창조 이야기가 어떤 의미가 있는지 생각해 봐야 합니다. 그래야 하나님이 창조주라는 사실이 우리에게 어떤 의미가 있는지 알 수 있습니다.

사실 창조 이야기는 성경에만 나오는 것이 아닙니다. 우리가 잘 아는 그리스 로마 신화에도 창조 설화가 나옵니다. 대부분의 신화나 종교는 각자 나름대로 창조 설화를 갖고 있습니다. 하지만 성경이 창조 이야기로 시작하는 것은 그냥 창조 설화를 소개하는 정도가 아닙니다. 이 창조 이야기가 처음에 어떻게 쓰였는지 생각해 봐야 합니다.

성경은 하나님의 계시의 말씀입니다. 그렇다고 성경이 하늘에서 뚝 떨어졌다는 뜻은 아닙니다. 하나님의 영감을 받은 사람들이 성경을 기록했습니다. 66권의 성경이 쓰인 시대적인 배경이 있습니다.

　창세기는 모세가 썼습니다. 당시 이스라엘 백성은 이집트에서 430년간 노예생활을 하고 있었습니다. 하나님이 그들의 고통을 보시고 모세를 지도자로 세워 이집트에서 구원하셨습니다. 모세가 창세기를 썼을 때는 이스라엘 백성이 이집트에서 나와 하나님이 약속하신 가나안 땅으로 가는 중이었습니다.

　그렇다면 이스라엘 백성이 처음 경험한 하나님은 어떤 분이실까요? 구원의 하나님입니다. 430년간의 노예생활에서 구원해 주신 하나님입니다. 이스라엘 백성을 보내지 않으려는 이집트 왕에게 열 가지 재앙을 내리시고, 이스라엘 백성의 길을 가로막는 바다를 갈라 길을 내신 구원자 하나님입니다. 창세기는 이스라엘 백성을 구원하신 하나님이 바로 이 땅을 창조하신 유일한 하나님이라는 사실을 보여 줍니다.

　이스라엘 백성이 노예로 살던 이집트는 다신교를 믿는 나라였습니다. 최근 우리나라도 이집트 신화에 관심이 많아져서 서점에 가면 이집트 신화에 대한 책들을 쉽게 볼 수 있습니다. 신들의 왕 아문, 태양신 라, 하늘의 신 호루스, 지하세계의 통치자 오시리스, 보호의 여신 이시스 등 수없이 많습니다. 이스라엘 백성도 이집트에 살면서 이 많은 신들에 대해 들었을 것입니다.

지금도 이집트에는 이 신들을 위해 지은 신전의 유적들이 남아 있습니다. 이 유적들을 보면 당시 신전의 규모가 얼마나 엄청났는지 알 수 있습니다. 신전의 기둥 하나만 해도 사람 키의 몇 배나 됩니다. 이런 문화 속에서 수백 년을 살아온 이스라엘 백성에게 이집트 신들의 존재는 굉장했을 것입니다.

창세기의 창조 이야기는 이집트 신들이 아무것도 아니라는 것을 말해 줍니다. 이스라엘이 믿는 하나님이 단지 이집트 신들보다 더 뛰어나서 그들을 구원한 것이 아니라는 말입니다. 하나님이 이 땅을 창조하셨고 다른 모든 신들은 헛된 우상이라는 사실을 말해 주고 있습니다.

또한 하나님이 이 세상의 창조주라는 고백을 통해 이 세상을 지배하는 세계관들이 잘못되었다는 것을 알 수 있습니다.

먼저 무신론을 살펴보겠습니다. 리처드 도킨스(Richard Dawkins)의 저서 『만들어진 신』(The God Delusion)이 한동안 베스트셀러에 오르기도 했습니다. 그는 『이기적 유전자』(The Selfish Gene), 『눈먼 시계공』(The Blind Watchmakers) 같은 책을 통해 진화론이 얼마나 과학적이고 합리적인지를 이야기합니다. 그러면서 신의 존재를 믿는 것이 얼마나 미신적인지를 강하게 주장합니다. 이런 사람의 글과 책이 많은 사람에게 지지를 얻고 있는 것이 오늘날의 현실입니다.

하지만 사도신경은 하나님을 창조주로 고백합니다. 창세기 1장 1절은 하나님이 이 땅을 창조하셨다고 말합니다. "태초에 하나님이 천지를 창조하시니라." 시편 14편 1절은 하나님이 없다고 말하는 자는 어리석은 자라고 말합니다. "어리석은 자는 그의 마음에 이르기를 하나님이 없다 하는도다."

또한 하나님이 이 세상의 창조주라는 고백은, 유물론을 거부합니다. 유물론은 눈에 보이는 물질이 가장 중요하다고 말합니다. 가령, 인간과 동물의 차이를 설명할 때 대부분 생각하는 능력에 대해 말합니다. 하지만 유물론은 직립보행을 이야기합니다. 인간은 동물과 달리 두 발로 서서 걸을 수 있으니 양손이 자유롭기에 손으로 무언가를 만들기 시작했다는 것입니다. 이러한 노동 과정을 거치면서 인간의 뇌가 점차 발달했다고 이야기합니다. 물질이 먼저라는 이야기이지요. 정신은 물질세계의 산물일 뿐이라고 말합니다.

하지만 성경은 세상에 아무것도 없었고, 하나님만 홀로 존재하셨다고 말합니다. 하나님은 물질적 존재가 아니라 영적 존재이십니다. 성경은 하나님이 물질 세상을 창조하셨다고 분명히 선포합니다.

하나님이 이 세상의 창조주라는 사실은 범신론도 부정합니다. 범신론을 아주 단순하게 말하면, 우주 자체를 하나로 보고 그것을 곧 신으로 생각하는 것입니다. 그러다 보니 만물이 다 신성을 가진다고 이야기합니다. 범신론의 대표적인 종교는 인도의 힌두교입니다. 힌두교에는 신의 숫자가 3억이 넘는다고 합니다. 정말 놀랍지 않나요? 모든 것이 다 신이 될 수 있다는 말이지요.

이러한 범신론이 최근에 많이 유행하고 있습니다. 서양인들에게 동양 종교가 많은 인기를 끌고 있습니다. 많은 동양 종교에는 범신론 사상이 배어 있습니다. 미국의 한 유명 영화배우는 자신이 티벳 불교를 숭상함을 공공연히 밝히고, 그 전도자 역할을 자임하고 있습니다. 또 많은 사람이 명상을 통해 마음의 평화를 얻는다며 동양 종교를 찾습니다. 인도의 명상 센터에서 짧게는 몇 개월부터 길게는 몇 년에 걸쳐 명상 수련을 하는 서양인들을 쉽게 볼 수 있습니다. 그들은 명상을 통해 마음의 안정을 찾고 자신과 우주가 하나 되는 합일의 경지를 맛볼 수 있다고 이야기합니다.

우리나라에서도 명상센터가 인기를 끌고 있습니다. 절에서 하루 숙박하면서 참선을 하는 템플스테이에도 많은 사람이 몰리고 있습니다.

하지만 사도신경은 범신론이 잘못되었다고 분명히 말합니다. 하나님은 창조주이시고 이 세상은 피조물입니다. 여기에는 엄격한 구분이 있습니다. 이 둘은 결코 하나가 아닙니다. 우리가 고백하는 하나님은 피조물과 구별되신 창조주이십니다. 피조물인 인간이 아무리 노력하고, 명상과 참선을 하며, 고행을 해도 결코 하나님이 될 수는 없습니다.

피조물인 사람은 어떻게 살아야 하는가

그렇다면 창조주 하나님을 믿는 사람은 어떻게 살아야 할까요? 하나님이 이 세상을 창조하셨다고 믿는 사람은 이원론을 배격해야 합니다. 이원론을 아주 간단하게 말하면 이렇습니다. "영적이고 정신적인 것은 선한 것이고, 육적이고 물질적인 것은 악한 것이다." 하지만 성경은 물질세계를 하나님이 창조하셨다고 분명히 말합니다. 창세기 1장을 보면, 하나님이 하루 하루 세상을 창조하신 다음에 꼭 나오는 문장이 있습니다.

> 하나님이 보시기에 좋았더라.

이 세상은 하나님이 보시기에 좋게 창조된 곳입니다. 창세기 2장 5절에 이런 구절이 나옵니다.

여호와 하나님이 땅에 비를 내리지 아니하셨고 땅을 갈 사람도 없었으므로 들에는 초목이 아직 없었고 밭에는 채소가 나지 아니하였으며.

여기에 보면 밭에 채소가 나지 않았다고 합니다. 이것은 땅이 창조된 그대로 있다는 말입니다. 그 이유가 무엇입니까? 땅을 갈 사람이 없었기 때문입니다. 누군가 땅을 갈고 씨를 뿌려야 합니다. 하나님이 창조하신 인간은 하나님이 창조하신 이 땅에서 자원을 활용하여 문화를 계발하고 발전시켜야 합니다. 이 땅에 선한 문화와 제도를 만들고 그것을 발전시켜 하나님께 영광을 돌려야 할 책임이 우리에게 있습니다.

이원론적으로 세상을 바라보는 사람은 교회와 세상을 구분합니다. 단순히 교회는 선하고 거룩한 곳이고, 세상은 악한 곳으로 구분해 버립니다. 주일은 거룩한 날이고 나머지 6일은 세상에 속한 날이라고 여깁니다. 목사처럼 교회에서 일하는 것은 거룩한 일이고, 세상에서 직장에 다니는 것은 세속적인 일이라고 합니다.

그렇지 않습니다. 교회나 세상이나 모두 이 땅을 창조하신 하나님의 통치 아래 있습니다. 우리는 이 세상에서 하나님의 통치를 이루도록 노력해야 합니다. 내가 무슨 일을 하고 내 직업이 무엇인지가 중요하지 않습니다. 내가 있는 그곳에서 하나님께 영광 돌리는 삶을 살기 위해 어떻게 노력하느냐가 중요합니다.

그렇다고 오해하면 안 됩니다. 하나님이 창조하신 물질세계가 선하다는 것은 우리의 목적이 물질세계에 있다는 말은 아닙니다. 물질을 위해 살라는 말이 아닙니다. 이 세상을 창조하신 하나님이 이 세상의 주인이십니다. 내가 가지고 있는 것, 내가 누리고 있는 것의 주인이 하나님이십니다. 그러기에 내가 가지고 있는 것과 누리고 있는 것으로 하나님을 위해 살아야 합니다. 눈에 보이는 물질을 추구하면서 사는 것이 아니라 이 물질을 주신 하나님의 뜻이 무엇인지 생각하며 살아야 합니다. 내가 좀 더 가지고 있고 좀 더 누리고 있다면 그것으로 다른 사람을 섬겨야 합니다.

하나님이 이 세상을 창조하셨습니다. 하나님만이 유일한 창조주이시고, 이 땅의 주인이십니다. 우리가 사도신경에서 하나님을 창조주라고 고백하는 것은 바로 이 하나님을 믿고 그분의 뜻대로 살겠다는 신앙 고백입니다.

5. 예수님은 누구신가?

　중동 지역에서 생겨나서 지금까지 강력한 영향력을 미치고 있는 세 개의 종교가 있습니다. 유대교, 이슬람교, 기독교입니다. 유대교는 지금도 이스라엘 사람들이 믿는 종교이고, 이슬람교는 요즈음 한창 이슈가 되고 있는 종교로 중동뿐 아니라 동남아시아에서도 많은 사람이 믿고 있습니다. 기독교는 지금 우리가 믿고 있는 종교이지요.

　이 세 종교는 다 구약성경을 인정합니다. 또한 예루살렘이라는 도시를 자기가 믿는 종교의 성지라고 믿고 있습니다. 게다가 구약성경에 나오는 하나님을 동일하게 믿습니다. 그런데 이 세 종교가 말하는 구약성경의 하나님이 동일한 분이냐에 대해서는 논쟁의 여지가 있습니다. 이 세 종교가 갈라지는 지점이 있기 때문입니다. 바로 예수님입니다.

먼저 유대교는 예수님을 어떻게 볼까요? 신약성경에 보면 유대인들이 예수님을 십자가에 못 박아 죽입니다. 그 이유가 무엇인지 아십니까? 예수님이 신성을 모독했다는 것입니다. 감히 자신을 하나님의 아들이라고 하고, 하나님의 성전을 헐라는 소리를 하는 예수님은 유대인들에게 종교적 이단아일 뿐입니다.

이슬람교는 예수님을 어떻게 볼까요? 이슬람교에서도 예수님에 대해 말합니다. 아랍어로 예수를 '이싸'라고 합니다. 그런데 이싸는 우리가 믿는 예수님과 같은 분일까요? 그렇지 않습니다. 이슬람교에서 이싸는 성경에 나오는 여러 선지자 가운데 한 명일 뿐입니다.

이처럼 예수님을 어떻게 생각하고 고백하느냐가 우리가 믿는 기독교의 정체성을 보여 줍니다. 우리에게 예수님은 누구이십니까? 예수님은 어떤 분이신가요?

예수님이 누구신지를 잘 설명해 주는 사건이 마태복음 16장에 나옵니다. 어느 날 예수님이 빌립보 가이샤랴에서 제자들에게 질문을 하십니다. "사람들이 인자를 누구라 하느냐?" 여기서 인자는 예수님이 자신을 부르시는 호칭입니다.

이 질문에 제자들이 여러 가지 대답을 합니다. "어떤 사람은 세례 요한, 어떤 사람은 엘리야, 어떤 사람은 예레미야나 선지자 중의 하나라고 말합니다."

그러자 예수님이 다시 질문하십니다. "너희는 나를 누구라 하느냐?"

이 질문에 제자들 중 수제자라고 불리는 베드로가 아주 멋진 대답을 합니다. "주는 그리스도시요 살아 계신 하나님의 아들이십니다."

베드로의 이 대답은 지금 우리가 살펴보고 있는 사도신경에 나오는 예수님에 대한 고백이기도 합니다. 사도신경에 나오는 예수님에 대한 고백을 다시 한 번 볼까요?

> 나는 그의 유일하신 아들, 우리 주 예수 그리스도를 믿습니다.
> 그는 성령으로 잉태되어 동정녀 마리아에게서 나시고,
> 본디오 빌라도에게 고난을 받아 십자가에 못 박혀 죽으시고,
> 장사된 지 사흘 만에 죽은 자 가운데서 다시 살아나셨으며,
> 하늘에 오르시어 전능하신 아버지 하나님 우편에 앉아 계시다가,
> 거기로부터 살아 있는 자와 죽은 자를 심판하러 오십니다.

예수님에 대한 고백도 성부 하나님에 대한 고백처럼 크게 둘로 나눠 생각할 수 있습니다. "예수님이 어떤 분이시냐"와 "예

수님이 무엇을 하셨느냐"로 나눠집니다.

먼저 예수님이 어떤 분이신지를 살펴보면, 하나님의 유일하신 아들, 우리 주, 예수 그리스도라고 말합니다. 베드로의 고백과 거의 일치합니다.

예수 그리스도

가장 먼저 '예수 그리스도'를 살펴보겠습니다. 두 단어로 된 짧은 말이지만 여기에는 정말 많은 의미가 담겨 있습니다.

'예수 그리스도'는 단순히 '예수'와 '그리스도'를 합쳐서 예수님을 부르는 일반적인 호칭이 아닙니다. 사실 이것은 문장입니다. 영어로 'Jesus Christ'라고 할 때 'Jesus'와 'Christ' 사이에 동사 하나가 들어가면 됩니다. 'is.' 그러면 이런 문장이 되지요. "Jesus is Christ." '예수 그리스도'는 '예수가 그리스도이시다'라는 문장입니다. 이것이 무슨 말일까요?

앞에서 하나님에 대해 설명할 때 성경에 나오는 이름은 다 의미가 있다고 했습니다. '예수'라는 이름도 마찬가지입니다.

마태복음 1장에 보면, 예수님의 아버지 요셉이 천사에게 계시를 받는 장면이 나옵니다. 이때 천사가 이렇게 말합니다.

> 아들을 낳으리니 이름을 예수라 하라. 이는 그가 자기 백성을 그들의 죄에서 구원할 자이심이라.

여기에 '예수'라는 이름의 뜻이 나옵니다. '구원할 자'라는 뜻입니다. 그런데 이 이름이 구약성경에도 나옵니다. 구약성경에 나오는 '여호수아'나 '호세아'의 이름이 예수와 뜻이 같습니다. '여호와는 구원이시다'라는 뜻입니다.

'여호와는 구원이시다'라고 하면 이름의 뜻이 좋잖아요. 그래서 구약성경에 같은 이름을 가진 사람이 여러 명 나옵니다.

여호수아 하면 가장 먼저 떠오르는 사람이 있습니다. 구약성경 여호수아서의 주인공 여호수아입니다. 모세가 죽은 다음 이스라엘 백성을 이끈 지도자입니다. 그런데 선지서인 학개와 스가랴서를 읽다 보면, 여호수아라는 이름이 또 나옵니다. 이 여호수아는 대제사장입니다. 이 밖에도 여호수아라는 이름을 쓰는 사람이 몇 명 더 있습니다.

호세아도 마찬가지입니다. 구약성경 선지서에 보면 호세아서가 있습니다. 호세아는 선지자입니다. 그런데 북이스라엘의 마지막 왕 이름 역시 호세아입니다. 여호수아나 호세아라는 이름을 쓰는 사람이 많았습니다.

예수라는 이름도 그랬습니다. 예수님 당시에도 우리가 믿는 예수님 말고 그 이름을 쓰는 사람이 많았습니다. 그래서 예수라고만 하면 구별이 안 되니까 이름 앞에 출신 지역을 붙였습니다. 우리나라도 집안에 며느리가 들어오면 출신 지역을 부르는 경우가 있습니다. '부산댁', '전주댁' 하는 식으로 말이지요.

예수님은 베들레헴에서 태어나셨지만 자라신 곳은 나사렛입니다. 그래서 사람들이 예수라는 이름 앞에 나사렛을 붙여서 '나사렛 예수'라고 불렀습니다. 나사렛 예수라고 하면 그 당시 많은 예수 가운데 우리가 믿는 나사렛 출신의 예수님을 말합니다.

이처럼 예수라는 이름은 '구원자'라는 뜻을 갖고 있지만 당시 사람들이 많이 쓰던 인간적인 이름이라 할 수 있습니다. 그런데 예수라는 이름 뒤에 '그리스도'가 붙으면 완전히 달라집니다. '예수 그리스도'가 되면 이름의 뜻만 구원자가 아니라 정말 구원자라는 신앙 고백이 됩니다.

이제 '그리스도'의 뜻을 살펴보겠습니다. 구약성경에 보면 '그리스도'와 같은 뜻을 가진 히브리어가 나옵니다. 사람들에게 아주 익숙한 말입니다. '메시아.' 그리스도나 메시아나 같은 말입니다. 그리스도는 헬라어이고, 메시아는 히브리어입니다.

그리스도, 즉 메시아는 '기름부음을 받은 자'라는 뜻입니다. 여기서 기름을 부었다는 것은 누군가를 어떤 자리에 임명했다는 말입니다. 구약성경에 보면 특별한 직분의 사람을 임명할 때 기름을 부었습니다. 기름을 부어 임명한 세 가지 직분은 왕, 선지자, 제사장입니다. 왕은 백성을 다스리고, 선지자는 백성에게 하나님의 말씀을 가르치며, 제사장은 백성을 대표하여 하나님께 제사를 드립니다.

구약시대부터 이스라엘 백성은 메시아, 즉 기름부음을 받은 자를 기다렸습니다. 특히 나라가 멸망하고 오랫동안 다른 나라의 지배를 받으면서 메시아에 대한 열망은 더욱더 커졌습니다. 메시아가 와서 자신들을 다른 나라의 압제에서 구원하고, 다윗 시대와 같은 영화를 다시 누리게 할 거라는 기대를 갖고 있었습니다.

그런데 예수가 사람들이 그토록 기다리던 메시아, 즉 그리스도였습니다. 나사렛 출신, 목수의 아들 예수가 이 땅에 선지자로, 제사장으로, 왕으로 오신 구원자였습니다. 이것이 바로 '예수 그리스도'의 뜻입니다.

첫째, 예수님은 선지자였습니다. 이 땅에 와서 사람들에게 하나님의 말씀을 가르치셨습니다. 그런데 예수님은 단순히 하나님의 말씀을 가르치신 정도가 아닙니다. 앞에서 예수님이 바로 삼위일체 하나님이라고 이야기했지요? 예수님은 구약의 선지자들과 다르게 자신이 말씀의 주체이자 근원이십니다. 예수님의 말씀이 곧 하나님의 말씀입니다.

둘째, 예수님은 제사장이었습니다. 제사장으로 사람들의 죄를 속죄하는 제사를 드리셨습니다. 그런데 여기에서도 예수님의 독특성이 드러납니다. 예수님은 제사장인 동시에 제물이었습니다. 보통 제사장들은 소나 양을 잡아서 제사를 드렸지만 예수님은 자신이 직접 제물이 되어 십자가에서 죽으심으로 우리의 죄를 용서하셨습니다.

셋째, 예수님은 왕이었습니다. 세상 모든 만물의 통치자이십니다. 이것은 당연한 말입니다. 하나님이 천지를 창조하셨기 때문입니다. 삼위 하나님 중의 한 분이신 예수님도 창조 사역에 동참하셨습니다. 이 땅을 만드신 분이 이 땅의 주인이자 왕이 되는 것은 당연합니다.

예수님은 이 땅에 선지자로, 제사장으로, 왕으로 오신 구원자이십니다. 하지만 이스라엘 백성이 기대했던 메시아는 아니었습니다. 이스라엘 백성은 자기 민족을 위한 메시아를 기다렸지만 예수님은 모든 인류를 위한 구원자로 이 땅에 오셨습니다. '예수가 그리스도이시다'는 말은 예수님이 우리를 위해 이 땅에 구원자로 오신 하나님이라는 신앙 고백입니다.

하나님의 아들

역사적으로 보면, 많은 왕들이 자신을 신의 아들이라고 말했습니다. 이집트의 왕 파라오는 태양신의 아들이라고 말했습니다. 로마 황제들도 자신을 신의 아들이라고 말했습니다. 왕들이 자신을 신의 아들이라고 주장하는 것은 자신이 신과 동격이라고 말하는 것입니다. 사람의 아들이 사람이듯이 신의 아들은 신이기 때문입니다.

사도신경은 예수님을 '그의 유일하신 아들'이라고 고백합니다. 여기서 '그'는 하나님을 말합니다. 예수님이 하나님의 유일하신 아들이십니다. 예수님을 하나님의 아들이라고 고백하는 것은 예수님이 하나님과 동격임을 고백하는 것입니다. 예수님이 곧 하나님이십니다. 하지만 이스라엘 백성은 이 말을 받아들일 수 없었습니다. 예수님이 하나님을 아버지라 부르자 신성 모독이라고 하며 그분을 돌로 쳐 죽이려고 했습니다.

교회는 예수님이 하나님의 아들, 곧 하나님이심을 처음부터 고백했습니다. 혹시 교회 다니는 사람들의 차에 물고기 모양의 스티커가 붙어 있는 것을 본 적이 있나요? 단순한 물고기 모양 안에 무언가가 써 있습니다.

물고기 모양 안에 써 있는 글씨는 그리스어인데, '익투스'라고 읽습니다. '물고기'라는 뜻입니다. 좀 웃기지 않나요? 물고기 모양을 그려 놓고 굳이 그 안에 물고기라고 쓸 필요가 없습니다. 그냥 딱 봐도 물고기인데 말이죠. 하지만 여기에는 특별한 의미가 담겨 있습니다. 익투스는 물고기라는 뜻이지만 다섯 단어로 된 문장의 약자이기도 합니다.

Ιησους Χριστος Θεου Υιος Σωτηρ

이 다섯 단어의 맨 앞 글자만 따서 읽으면 방금 말한 익투스가 됩니다. 그렇다면 이 다섯 단어는 무엇을 의미할까요? '예수 그리스도 하나님의 아들 구원자'입니다.

초대교회 성도들은 물고기 모양을 그리고 그 안에 익투스라 쓰고는 '예수 그리스도 하나님의 아들 구원자'라고 읽었습니다. 기독교가 전파되던 초기에 교회는 많은 핍박과 박해를 받았습니다. 자신의 신앙을 공공연히 드러낼 수 없었습니다. 그래서 익투스라고 읽으면서 자신의 신앙을 고백한 것입니다. "예수님은 구원자시다. 하나님의 아들이시다."

그런데 생각해 봐야 할 것이 있습니다. 기독교는 예수님을 하나님의 유일하신 아들이라고 고백합니다. 그런데 우리가 앞에서 성부 하나님에 대한 고백을 살펴보면서 우리 역시 하나님을 아버지라 부를 수 있다고 했습니다. 우리도 하나님의 자녀입니다. 그러면 예수님이 하나님의 아들이라는 것과 우리가 하나님의 자녀라는 것은 어떤 의미일까요?

우선 예수님은 하나님의 유일하신 아들입니다. 그래서 '독생자 예수'라고 표현합니다. 여기서 '유일하다', '독생자'라는 것은 단순히 숫자적으로 한 명이라는 의미가 아니라, 하나님과 예수님의 독특한 관계를 이야기합니다. 바로 삼위일체의 관계입니다.

하지만 우리가 하나님의 자녀가 되었다고 할 때는 이와 다릅니다. 죄를 지은 인간은 사탄의 지배 아래 살아가게 되었습니다. 그랬던 우리가 하나님의 자녀가 되었습니다. 하나님의 자녀로 입양이 된 것입니다.

인간을 하나님의 자녀로 삼기 위해 하나님의 아들이 인간의 몸으로 이 땅에 오셔서 죽으셨습니다. 이것이 바로 예수님의 십자가 사건입니다. 우리가 예수님의 십자가 사건을 이야기할 때 예수님이 하나님의 유일하신 아들이라는 것에 대해 생각해 봐야 합니다.

구약성경 창세기 22장에 아주 특별한 이야기가 나옵니다. 믿음의 조상이라고 불리는 아브라함이 자기 믿음을 하나님 앞에 증명한 사건입니다.

어느 날 하나님이 아브라함에게 아들 이삭을 번제로 바치라고 말씀하십니다. 이삭은 아브라함이 100세에 얻은 아들입니다. 말 그대로 눈에 넣어도 아프지 않은 아들을 하나님이 번제로 드리라고 하시는 것입니다. 번제는 짐승을 잡아서 칼로 토막을 내어 불에 태우는 제사입니다.

아들을 번제로 드리라는 하나님의 말씀을 들은 아브라함의 심정이 어땠을까요? 저는 감히 상상조차 할 수 없습니다. 물론 하나님은 이삭을 번제로 드리게 하지 않으셨습니다. 번제로 드릴 짐승을 미리 준비해 놓으셨습니다.

그런데 창세기 22장에서 우리가 생각해 봐야 하는 표현이 나옵니다. 하나님은 아브라함에게 "아들 이삭"을 바치라고 하지 않으십니다. 이렇게 말씀하십니다. "네 아들 네 사랑하는 독자 이삭."

네 아들, 네가 사랑하는, 하나뿐인 이삭을 바치라는 말씀입니다. 하나님은 아브라함에게 이삭이 어떤 존재인지 잘 아셨습니다. 이삭에 대한 하나님의 말씀을 보면 아들에 대한 하나님의 마음을 알 수 있습니다.

신약성경에 보면 하나님이 이삭을 부르시듯 예수님을 부르시는 장면이 있습니다. 예수님이 본격적으로 사역을 시작하기 전에 세례를 받으십니다. 그때 하늘에서 이런 소리가 들립니다. 하나님의 음성이지요. "이는 내 사랑하는 아들이요, 내 기뻐하는 자라."

하나님이 예수님을 "내 사랑하는 아들이요, 내 기뻐하는 자"라고 부르십니다. 우리는 하나님의 아들이 십자가에서 죽으셨다고 쉽게 이야기합니다. 그런데 이 하나님의 아들은 하나님의 유일하신 아들입니다. 하나님이 사랑하시는 아들입니다. 하나님은 이 아들을 십자가에 죽게 하셔서 우리 죄를 용서하셨습니다.

멜 깁슨이 예수님의 십자가 고난에 대해 그린 영화 '패션 오브 크라이스트'(The Passion of the Christ)를 보셨나요? 이 영화가 처음 개봉되었을 때 말이 많았습니다. 예수님의 고난을 생생하게 그리다 보니 작품성이 떨어지고 너무 잔인하다는 것이지요. 채찍에 맞아 살점이 뜯겨져 나가고, 십자가에 못 박히고 창에 찔리는 모습이 너무 끔찍해 눈을 뜨고 보기가 어려울 정도였습니다. 그런데 실제로 예수님은 이런 고난을 받으셨습니다. 많은 교인들이 예수님의 고난받는 장면을 보면서 울었습니다.

저는 예수님이 고난받는 장면보다 십자가에 못 박혀 돌아가시는 순간이 더 인상 깊었습니다. 카메라 앵글이 처음에는 예수님의 모습을 정면에서 보여 줍니다. 팔을 벌리고 십자가에 달리신 예수님의 모습을 보여 주다가 카메라 앵글이 점차 위로 올라갑니다. 예수님의 십자가를 위에서 내려다봅니다. 그러면서 십자가가 화면에서 점점 작아집니다. 카메라 앵글이 계속 위로 올라가는 거지요. 마치 하늘에서 십자가를 내려다보는 모양입니다. 그러다가 순간 화면이 둥글어지면서 뚝 떨어지더니 하늘에서 소나기가 쏟아집니다.

아마 쉽게 알 수 있을 것입니다. 하늘에서 십자가를 내려다

보는 분은 성부 하나님이십니다. 떨어지는 소나기는 하나님의 눈물입니다. 아들이 십자가에서 고통스럽게 죽어 가는 것을 보시면서 하나님이 슬픔을 참지 못하고 눈물을 흘리시는 것입니다. 사랑하는 독생자의 죽음 앞에 소나기가 쏟아지듯 통곡하십니다. 이 영화는 아들을 잃은 하나님의 슬픔을 너무 잘 그려 냈습니다.

십자가에서 죽으신 예수님은 하나님의 아들이십니다. 하나님이 사랑하시는 유일한 아들. 그 아들이 우리를 대신하여 십자가에서 죽으셨기에 우리가 하나님의 자녀가 되었습니다.

우리 주

'주님'이라는 호칭은 예수님 당시에 많이 쓰이던 호칭이었습니다. 지위가 높은 사람들을 정중하게 부를 때나 로마 황제를 부를 때 사용했습니다.

그런데 예수님을 '주님'이라고 부르는 것은 그 차원이 다릅니다. 이것을 이해하려면 구약성경에서 하나님을 부르는 호칭을 다시 한 번 살펴봐야 합니다.

'여호와'는 하나님이 모세에게 직접 알려 주신 그분의 이름입니다. 그러다 보니 유대인들은 '여호와'라는 이름을 아주 특별하고 거룩하게 생각했습니다. 구약성경을 읽다가 '여호와'가 나오면 그대로 읽지 않고 '아도나이'라고 읽었습니다.

'아도나이'는 '주님'이라는 뜻입니다. 70인역은 히브리어로 된 구약성경을 헬라어로 번역한 성경입니다. 이 70인역은 구약성경에 6천 번 넘게 나오는 '여호와'라는 호칭을 다 '주님'으로 번역해 놓았습니다.

그러면 이제 예수님을 '주님'이라고 부르는 특별한 의미를 알 수 있겠지요? 예수님을 주님이라고 부르는 것은 구약에서 하나님을 주님이라고 부르는 것과 같은 맥락입니다. 예수님을 주님이라고 부르는 것은 예수님이 곧 하나님이시라는 고백입니다.

예수님은 단순히 특별한 사람이 아닙니다. 목수의 아들로 태어나 큰 깨달음을 얻고 기독교라는 종교를 창시한 위대한 인물이 아니라는 말입니다. 예수님은 하나님이십니다. 이 땅을 창조하시고 지금도 이 땅을 통치하시는 분입니다. 그러므로 예수님은 우리의 진정한 주님이 되십니다.

예수님이 주님이시면 우리는 무엇입니까? 예수님의 종입니다. 신약성경 서신서를 보면, 바울은 자신을 '예수님의 사도'라고 부르지만 때로는 '예수님의 종'이라고 부릅니다. 예수님을 주님이라고 부르는 사람은 예수님의 종입니다. 그런데 평소에 별 의미 없이 주님이라는 호칭을 사용하다 보니 우리가 예수님의 종이라는 의식이 별로 없는 것 같습니다.

제가 신학대학원에서 공부할 때 만난 교수님이 있습니다. 이분은 예수님을 '주님'이라고 부르지 않고, '주인님'이라고 불렀습니다.

"우리 주인님이 말씀하십니다."

"우리가 주인님의 뜻대로 살아야 합니다."

'주님'이나 '주인님'이나 똑같은 말입니다. 그런데 '주인님'이라고 부르면 느낌이 좀 다릅니다. 우리가 종이라는 사실을 더 확실하게 고백하는 것 같습니다. 우리는 예수님의 종입니다. 오직 예수님만이 우리 주인이십니다.

우리가 앞에서 예수님에 대한 이야기를 하면서 베드로의 신앙 고백을 다루었습니다. 예수님이 "너희는 나를 누구라 하느냐"(마 16:15)고 질문하시자 베드로가 아주 멋진 대답을 했습니다. "주는 그리스도시요 살아 계신 하나님의 아들이십니다."

그런데 이 대화가 이루어진 장소를 생각해 볼 필요가 있습니다. 마태복음 16장에 보면, 빌립보 가이사랴 지방에서 이 대화를 했습니다. 이스라엘 최북단에 위치한 이곳은 복음서에 나오는 헤롯대왕이 로마 황제에게 받은 도시입니다. 헤롯대왕이 죽자 그 아들 헤롯 빌립이 이곳을 수도로 만들면서 자기 이름과 로마 황제의 이름을 붙여서 빌립보 가이사랴로 불렀습니다.

빌립보 가이사랴는 세상 권력을 상징합니다. 당시는 로마가 호령하던 시대였습니다. 로마 황제는 세상의 주인이었고, 마치 신처럼 추앙받았습니다. 이 세상 권력의 도시에서 베드로는 예수님을 향해 고백합니다. 로마 황제는 주님이 아니고 신의 아들이 아니며, 오직 자기 앞에 있는 나사렛 출신, 목수의 아들 예수님이 주님이고 하나님의 아들이라고 고백합니다.

우리가 예수님을 주님으로 부른다면, 이제는 정말로 우리 주인을 결정해야 합니다. 세상인지, 예수님인지 결정해야 합니다. 주인을 결정하는 것은, 누구의 말을 듣고 살지를 결정하는 것입니다. 돈과 성공을 최고로 여기며 다른 사람을 무참히 짓밟는 세상의 가치관을 따라 살 것인지, 정의와 사랑을 실천하라는 성경의 가치관을 따라 살 것인지 결정해야 합니다.

지금 당신의 주인은 누구입니까? 세상인가요, 아니면 예수님인가요?

6. 예수님은 무엇을 하셨는가?

한 사람의 생애를 요약하여 이야기하는 여러 가지 방법이 있는데, 그중 가장 일반적인 방법은 그 사람이 주로 어떤 일을 했는지를 말하는 것입니다. 예수님은 이 땅에서 많은 일을 하셨습니다. 곳곳을 다니면서 복음을 전하시고, 사람들을 가르치시고, 병든 자들을 고치셨습니다.

그런데 사도신경은 예수님이 하셨던 사역에 대해 이야기하지 않습니다. 조금 독특한 방법으로 예수님의 생애를 정리할 뿐입니다. 다시 한 번 사도신경의 고백을 보겠습니다.

그는 성령으로 잉태되어 동정녀 마리아에게서 나시고,
본디오 빌라도에게 고난을 받아 십자가에 못 박혀 죽으시고,

장사된 지 사흘 만에 죽은 자 가운데서 다시 살아나셨으며,
하늘에 오르시어 전능하신 아버지 하나님 우편에 앉아 계시다가,
거기로부터 살아 있는 자와 죽은 자를 심판하러 오십니다.

사도신경은 예수님이 이 땅에 태어나서 무엇을 하셨느냐보다 어떠한 처지에 있었느냐를 중심으로 이야기합니다. 예수님의 위치에 관심을 보입니다. 사도신경에 나타난 예수님의 일생을 다음과 같이 그릴 수 있습니다.

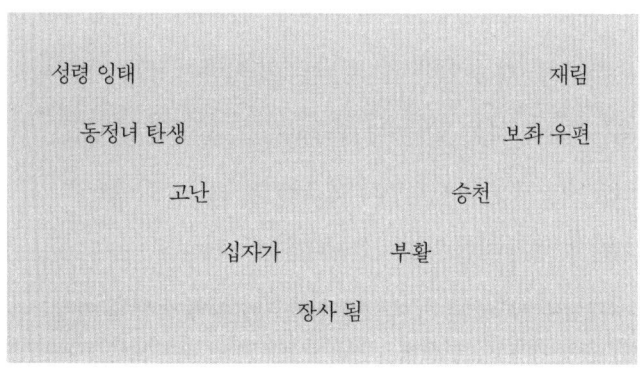

마치 V자 모양을 하고 있습니다. 왼쪽에서 점점 낮아졌다가 오른쪽으로 점점 높아지는 모양입니다. 이것을 신학적인 용어로, 예수님의 낮아지는 신분, 예수님의 높아지는 신분이라고

부릅니다.

   창조주 하나님이 피조물인 인간이 되어 고난받으시고 십자가에서 죽으시고 죽음에 처하시는 과정은 예수님이 낮아지시는 것입니다. 이렇게 낮아지신 예수님이 죽음에서 부활하고 승천하셔서 하나님 보좌 우편에 앉아 계시다가 장차 이 땅을 심판하러 다시 오시는 과정은 예수님이 높아지시는 것입니다.

   이처럼 예수님이 낮아졌다가 높아지는 삶을 사신 이유는 인간을 구원하기 위해서입니다. 사도신경은 예수님이 인간을 구원하기 위해 어떤 생애를 사셨는지 고백하고 있습니다.

동정녀 탄생

   성령으로 잉태되어 동정녀 마리아에게서 나시고.

예수님은 창조주 하나님이십니다. 하나님이 이 땅에 인간으로 오셨습니다. 우리는 이것을 '성육신'이라고 말합니다. 그런데 교회에서 성경공부를 하다 보면, 성육신이 무슨 뜻인지 모르는 사람이 의외로 많습니다. 성육신이라고 할 때 이 '성'은 무슨 뜻일까요? 한자로 무슨 '성'자일까요?

교회에서 사용하는 용어 가운데 '성'자로 시작하는 단어들이 있습니다. 성전, 성령, 성도. 여기서 '성'은 거룩할 '성'(聖)입니다. 거룩한 전, 거룩한 영, 거룩한 사람들이라는 의미입니다.

그래서 성육신의 '성'자를 거룩하다는 의미로 생각하여 성육신을 '거룩한 육체'로 생각하는 경우가 있습니다. 예수님의 육체는 우리 인간과는 다른 거룩한 육체일 거라고 여깁니다. 하지만 여기에 쓰인 '성'은 거룩할 '성'(聖) 아니라 이룰 '성'(成)입니다. '육신을 이루셨다', '육신이 되셨다'는 뜻입니다. 예수님은 우리와 다른 특별한 육체가 아니라 우리와 같은 육체를 가진 인간이 되셨습니다.

예수님은 우리와 똑같은 탄생 과정을 겪으셨습니다. 우리나라 고대 탄생 설화처럼 무슨 알에서 태어난 것이 아니라 어머니 뱃속에서 열 달 동안 계시다가 태어났습니다. 그리고 우리와 똑같이 어린 시절을 거쳐 어른이 되었습니다. 예수님은 슈퍼맨과 같은 특별한 육체를 갖지 않으셨습니다. 우리와 똑같이 배고파 하시고, 피곤해 하시고, 잠을 주무셨습니다.

가끔 이런 질문을 하는 사람이 있습니다. "예수님도 화장실에 가셨을까요?" 질문이 좀 그렇지요? 하지만 대답은 명확합니다. 예수님도 화장실에 가셨습니다. 예수님은 우리와 같은 완전한 인간으로 이 땅에 오셨습니다.

그런데 사도신경은 딱 한 가지 다른 점을 이야기합니다. 성령으로 잉태되어 동정녀 마리아에게 나셨다는 고백입니다. 쉽게 말하면, 예수님은 남자를 알지 못하는 처녀의 몸에서 태어나셨습니다. 상식적으로 말이 안되는 이야기입니다. 사람들에게 비웃음을 받기 딱 좋은 이야기입니다. 그런데도 이렇게 신앙 고백을 하는 이유가 무엇일까요? 왜 예수님은 동정녀의 몸에서 태어나셨을까요? 그것은 우리의 구원과 관련이 있습니다.

세계의 여러 신화를 보면 하늘에 있던 신이 죄를 짓고는 벌을 받아 인간으로 세상에 온 이야기가 많습니다. 하지만 예수님은 그런 경우가 아닙니다. 예수님은 죄 때문에 영원한 심판 가운데 있는 우리 인간을 구원하시기 위해 이 땅에 오셨습니다.

예수님이 인간을 구원하시는 방법은 인간이 지은 죄의 형벌을 대신 받는 것입니다. 그렇게 하기 위해 예수님은 우리와 똑같은 인간으로 이 땅에 오셨습니다. 형벌을 받는데 예수님이 슈퍼맨처럼 특별한 육체라면 벌이 아닙니다. 예수님은 모든 면에서 우리와 똑같은 인간으로 오셔서 형벌을 대신 받으셨습니다.

그런데 형벌을 대신 받는 사람에게 죄가 있다면 어떻게 될까요? 죄가 있는 사람이 다른 사람이 지은 죄의 형벌을 대신 받는 것은 전혀 의미가 없습니다. 모든 인간은 이미 태어날 때부터 첫 사람 아담이 지은 죄의 영향 아래 놓여 있습니다. 예수님은 이 죄의 영향을 피하고자 일반적인 방법이 아니라 성령으로 잉태되어 동정녀의 몸에서 나셨습니다. 성령님이 죄가 예수님에게 영향을 미치지 못하게 하셨습니다. 그래서 예수님은 죄가 없는 인간이 되셨습니다.

조금 복잡하지요? 다시 한 번 정리해 보겠습니다. 예수님은 우리와 똑같은 인간으로 이 땅에 오셨습니다. 특별한 육체가 아닌 우리와 똑같은 육체를 가지셨습니다. 그런데 단 한 가지가 다른데, 성령으로 잉태되어 동정녀 마리아에게 나셨습니다. 예수님은 우리 죄를 용서하기 위해 죄 없는 인간으로 오셨습니다.

예수님의 고난

본디오 빌라도에게 고난을 받아 십자가에 못 박혀 죽으시고, 장사된 지.

예수님의 생애를 한 단어로 표현한다면 '고난'일 것입니다. 예수님이 고난을 받으셨다고 하면 보통 십자가에 달리시기 전에

붙잡혀 재판을 받으시고, 십자가에 달리신 일련의 과정을 떠올리기 쉽습니다.

하지만 예수님의 고난은 이 땅에 오시면서부터 시작되었습니다. 예수님은 창조주 하나님이십니다. 그런데 이 창조주가 피조물이 되었습니다. 이 자체가 엄청난 고난입니다.

인간은 특정한 시간에 특정한 한 장소에 있을 수밖에 없습니다. 시공간의 제한을 받는 존재이지요. 그러나 하나님은 시공간의 제한에서 자유로우십니다. 어느 시간에나 존재하시고, 어느 공간에나 동시에 존재하실 수 있습니다.

이런 하나님이 시공간의 제한을 받는 인간으로 오셨습니다. 죄를 지은 사람을 감옥에 가두지 않습니까? 감옥에 갇혀 공간의 제한을 받는 것 자체가 큰 형벌이기 때문입니다. 하나님이신 예수님이 인간으로 오신 것은 스스로 시공간에 갇히신 사건입니다. 그러므로 예수님은 이 땅에 오시는 순간부터 고난의 삶을 사셨습니다. 이 고난의 삶의 절정이 바로 십자가 사건입니다.

사도신경은 예수님이 본디오 빌라도에게 고난을 받으셨다고 고백합니다. 본디오 빌라도는 로마 총독이었습니다. 당시 이스라엘은 로마의 지배를 받는 식민지였기에 유대 사람들이 마음대로 사람을 사형시킬 수 없었습니다.

그래서 예수님을 반대한 유대인들이 거짓 증인을 내세워 예수님을 모함했고, 예수님은 빌라도의 법정에서 사형 판결을 받으셨습니다. 세속 권력의 대표가 하나님의 아들에게 사형 선고를 내리는 어처구니없는 일이 벌어진 것입니다.

그 사형 방법이 바로 십자가형입니다. 십자가형은 사형수를 십자가에 못 박아 매달아서 죽이는 처형 방법입니다. 이 십자가형이 무서운 것은 사람이 금방 죽지 않는다는 점입니다. 손과 발에 못을 박아도 급소가 아니기에 생명에는 지장이 없습니다. 하지만 그렇게 매달아 놓으면 몸에 있는 피와 수분이 계속 빠져나가면서 서서히 죽어 갑니다. 어떤 사람은 3일을 매달려 있다가 죽었다고 합니다.

인간이 경험할 수 있는 극한의 고통을 경험하면서 죽는 것이 바로 십자가형입니다. 죄 없으신 하나님의 아들이 죄인을 위해 이런 고통 가운데 죽으셨습니다. 그런데 우리가 십자가의 고난을 이야기할 때 육체적 고통에만 초점을 맞춰서는 안 됩니다. 극한의 육체적 고통을 이겨 내는 영웅적인 인간의 이야기는 신화들에서 흔히 볼 수 있습니다.

그리스 신화에 나오는 프로메테우스 같은 경우 독수리가 심장을 쪼아 먹지만 죽지 않고 회복됩니다. 다음 날에도 독수리가 또다시 심장을 쪼아 먹습니다. 이 고통이 끝없이 반복되지만 영웅적으로 이겨 냅니다.

예수님의 십자가 고통은 단순히 육체적 고통이 아닙니다. 십자가는 가장 흉악한 죄인을 죽이는 처형 방법이었는데, 예수님은 죄가 없으신 분입니다. 여기서 죄가 없다는 말은 법률적으로 처벌받을 만한 죄를 짓지 않았다는 의미가 아니라 죄와 전혀 상관없는 완전히 의로우신 분이라는 의미입니다. 이런 분이 가장 흉악한 죄인이 달리는 십자가에서 죽으셨습니다. 완전히 의로우신 분이 가장 악한 죄인의 신분으로 죽으셨습니다. 이것은 육체적 고통보다 더한 고통입니다.

왜 하필이면 십자가일까요? 죄인을 처형하는 여러 방법이 있는데 왜 예수님은 십자가에 달려 돌아가셨을까요? 십자가형이 갖고 있는 특별한 의미가 있습니다. 구약성경 신명기 21장 23절입니다.

> 그 시체를 나무 위에 밤새도록 두지 말고 그날에 장사하여 네 하나님 여호와께서 네게 기업으로 주시는 땅을 더럽히지 말라. 나무에 달린 자는 하나님께 저주를 받았음이니라.

이 구절은 나무에 달린 자는 하나님께 저주를 받았다고 이야기합니다. 이 말씀 때문에 유대인들은 십자가형으로 죽은 사람은 하나님께 저주를 받았다고 생각했습니다. 예수님이 십자가에 달리신 사건은 하나님께 저주를 받은 사건입니다.

하나님이 사랑하시는 하나뿐인 아들이 아버지에게 버림받고 저주받는 사건이 바로 십자가입니다. 아버지에게 버림받는 아들, 이보다 더 큰 아픔이 어디 있겠습니까? 예수님은 왜 이렇게 고난을 받으셨을까요? 죄 없으신 분이 왜 십자가에서 하나님의 저주를 받아 고통스럽게 죽으셨을까요? 원래 이 고통은 우리가 받아야 할 고통입니다. 하나님께 저주를 받아 영원한 고통 가운데 거하는 것이 본래 우리 인간의 운명이었습니다. 바로 죄 때문이지요.

예수님의 십자가는 우리가 받아야 할 형벌을 예수님이 대신 받으신 사건입니다. 예수님이 우리 대신 형벌을 받으셨기에 우리가 죄를 용서받고 구원을 얻게 되었습니다. 십자가는 죄를 반드시 심판하시는 하나님의 공의와 그 죄인을 용서하시는 하나님의 사랑이 겹쳐지는 곳입니다.

부활과 승천과 재림

사흘 만에 죽은 자 가운데서 다시 살아나셨으며,

> 하늘에 오르시어 전능하신 아버지 하나님 우편에 앉아 계시다가, 거기로부터 살아 있는 자와 죽은 자를 심판하러 오십니다.

기독교가 다른 종교와 다른 것 가운데 하나는 창시자의 무덤이 없는 것입니다. 사우디아라비아 메디나에는 이슬람의 창시자 마호메트의 무덤이 있습니다. 지금도 해마다 수백만의 사람이 그 무덤에 가서 참배를 합니다.

불교의 창시자 석가모니는 화장을 했습니다. 그때 나온 석가모니의 사리를 인도의 8개 지역으로 보내 탑을 세웠습니다. 그 후 백년이 지나자 8개의 탑을 해체하여 사리를 84,000개로 나눠 전국에 그 숫자만큼 사리탑을 세웠다고 합니다. 그러니까 불교에서 탑은 바로 석가모니의 무덤인 셈이지요.

하지만 예수님의 무덤은 없습니다. 아니 무덤이라고 추정되는 곳이 있지만 아무것도 없는 빈 무덤입니다. 사도신경은 그 이유를 예수님이 죽은 지 3일 만에 죽은 자 가운데서 다시 살아나셨기 때문이라고 고백합니다.

죽은 사람이 다시 살아났다는 것을 믿기란 쉽지 않습니다. 그래서 예수님이 부활하신 후에 이 사실을 부정하려는 여러 시도가 있었습니다.

어떤 사람들은 도적설을 말합니다. 제자들이 예수님의 시신을 훔쳐서 다른 곳에 두고는 예수님의 부활을 주장했다는 것입니다.

어떤 사람들은 기절설을 주장합니다. 예수님이 십자가에서 진짜로 죽은 것이 아니라 고통 때문에 기절했는데 사람들이 죽은 줄 알고 장사를 지냈다는 것입니다. 그러다 동굴 무덤에서 다시 기력을 찾고 깨어났다는 주장이지요.

어떤 사람들은 환상설을 말합니다. 예수님의 제자들과 따르던 사람들이 예수님이 너무 보고 싶어서 집단적으로 환상을 보게 되었다는 주장입니다.

하지만 성경은 예수님이 분명히 부활하셨다고 말합니다. 이것은 예수님이 살아생전에 미리 예언하신 일이고, 수많은 부활의 증인들도 있습니다.

교회는 왜 다른 사람들이 믿기 힘들어하는 부활을 강하게 주장하는 것일까요? 사도 바울은 예수님의 부활이 없으면 자신이 전파한 복음이 헛되고, 우리의 믿음도 헛되다고 말합니다. 심지어 믿는 사람들은 세상에서 가장 불쌍한 사람이라고까지 말합니다.

왜 그럴까요? 예수님의 부활이 기독교 신앙의 핵심이기 때문입니다. 예수님의 부활이 없다면 기독교가 설 자리가 없습니다. 예수님이 십자가에서 죽으시고 장사 지낸 것으로 끝났다고 생각해 보십시오. 그러면 어떻게 될까요? 예수님이 우리 죄를 대신하여 형벌을 받고 십자가에서 죽으셨습니다. 물론 우리 죄는 용서를 받겠지요. 하지만 예수님 역시 죽음의 권세(힘)를 이기지 못한 분이 되고 맙니다. 아무리 죄를 용서받으면 뭐합니까? 언제 죽을지도 모르는 공포 속에서 살아가야 하는 존재인 걸요.

부활은 예수님이 죽음의 권세를 이기셨다는 것을 보여 주는 사건입니다. 이제 예수님 안에서 죽음의 공포는 사라지고 영원한 생명이 가능하다는 것을 보여 줍니다. 부활이 없다면 예수님의 구원은 반쪽짜리가 될 것입니다. 뿐만 아니라 이 부활이 우리에게 주는 커다란 소망이 있습니다. 고린도전서 15장 20절은 이렇게 말합니다.

> 그러나 이제 그리스도께서 죽은 자 가운데서 다시 살아나사 잠자는 자들의 첫 열매가 되셨도다.

여기서 '잠자는 자들'은 죽은 사람들을 뜻합니다. 예수님이 부활하셔서 죽은 자들의 첫 열매가 되셨습니다. 첫 열매는 무엇을 의미할까요? 첫 열매를 본 사람들은 이제 다음 열매가 열릴 것을 알고 기대하게 됩니다.

이와 마찬가지입니다. 예수님이 부활의 첫 열매가 되셨습니다. 그렇다면 이제 예수님을 믿는 사람들은 예수님과 같이 부활할 것을 알고 기대하게 됩니다. 예수님의 부활은 우리 역시 죽음에서 부활할 것을 보여 주는 증거이자 약속입니다. 그래서 기독교를 부활의 종교라고 부릅니다.

죽은 지 3일 만에 부활하신 예수님은 이 땅에 40일 동안 계시다가 하늘로 올라가셨습니다. 하늘로 올라가신 예수님은 지금 어디에서 무엇을 하고 계실까요? 사도신경은 하늘로 올라가신 예수님이 하나님 우편에 앉아 계신다고 고백합니다. 이 말을 오해해서는 안 됩니다. 저 높은 하늘에 의자가 두 개 있는데 한 의자에는 하나님이 앉아 계시고, 그 옆 의자에는 예수님이 앉아 계시다는 말이 아닙니다. 의자가 가진 상징성이 있습니다.

중세시대를 다룬 영화나 우리나라의 사극을 한번 생각해 보십시오. 궁궐에서 왕과 신하들이 회의를 할 때 누가 의자에 앉아 있습니까? 왕만 앉아 있고 다른 사람은 다 서 있습니다. 단순히 서 있으면 다리가 아프니까 의자에 앉는 것이 아닙니다. 의자에 앉아 있다는 것은 통치한다는 뜻입니다.

지금 하나님이 보좌에 앉아 통치하고 계시며, 그 오른편에는 예수님이 앉아 계십니다. 보좌 우편은 특별한 자리입니다.

왕이 누군가를 높이 세우고 싶을 때 자기 오른편에 있게 합니다. 예수님이 하나님의 우편에 앉아 계시다는 말은 하나님과 함께 이 땅을 통치하고 계시다는 말입니다. 승천하신 예수님은 지금 이 세상을 다스리고 계십니다.

또 사도신경은 예수님이 이 땅에 다시 오실 것이라고 고백합니다. 그런데 예수님이 다시 오실 때는 처음과는 전혀 다른 목적을 가지고 오십니다.

예수님이 처음 이 땅에 오실 때는 구원자로 오셨습니다. 하나님의 아들이 인간으로 오셔서 십자가에서 죽으심으로 우리를 영원한 심판에서 구원해 주셨습니다. 하지만 다시 오시는 예수님은 심판주로 오십니다. 살아 있는 자들과 이미 죽은 자들을 심판하러 오십니다. 예수님이 심판주로 오실 때는 더 이상 구원의 기회는 없습니다. 바로 지금이 하나님의 은혜의 때요, 구원받을 만한 때입니다.

> 사도신경,
> 그것이 궁금하다!

본디오 빌라도는 누구인가?

그는 주후 26-36년에 로마제국의 임명을 받아 유대 지역을 다스린 총독이다. 어쩌면 그는 성경에서 가장 억울한 사람일지도 모르겠다. 사실 예수님을 십자가에 못 박아 죽이려는 계획을 세우고 실행한 것은 빌라도가 아니라 유대의 종교 지도자들이기 때문이다. 유대인들은 예수의 사형을 집행하려고 로마 총독에게 데려갔다. 로마의 통치를 받는 유대 정부는 사형을 집행할 권한이 없었기 때문이다. 빌라도는 예수님에게서 죄를 찾지 못해 풀어 주려고 했지만 여론에 밀려 예수님을 십자가로 내몰고 말았다. 사실 그는 예수님을 핍박하거나 죽이려는 의도가 없었다.

그런데 사도신경에 "본디오 빌라도에게 고난을 받아"라는 구절이 나온다. 오늘날 모든 그리스도인이 예수님의 고난에 대해 이야기할 때마다 빌라도의 이름을 말하게 되었다. 사도신경에서 본디오 빌라도를 언급하는 이유가 무엇일까? 빌라도의 죄가 가장 크거나 그가 주동자이기 때문이 아니다.

예수님의 고난이 역사적 사실임을 드러내기 위해 구체적인 시대, 즉 빌라도의 때라고 명시한 것이다. 물론 빌라도에게 죄가 없다는 말은 아니다. 최종 결정권을 가진 빌라도가 용기 있는 사람이라면 어땠을까? 그가 하나님을 경외하는 사람이라면 어땠을까? 큰 권위를 가진 자리에 있다면 책임도 큰 법이다. 그런 면에서 빌라도는 예수님의 고난에 대한 책임에서 자유로울 수 없다.

7. 성령님은 누구신가?

 이제 성령 하나님에 대한 고백을 살펴보겠습니다. 사도신경에서 성령 하나님에 대한 고백은 "나는 성령을 믿으며"라고만 나와 있습니다. 성령님에 대한 다른 설명이 없습니다.

 그 이유는 간단합니다. 뒤이어 나오는 교회와 성도의 구원에 대한 고백이 다 성령님의 사역과 관련이 있기 때문입니다. 이 이야기는 차차 하게 될 것입니다.

 한국교회는 오랫동안 성령님에 대해 잘못된 이해를 갖고 있었습니다. 성령님을 어떤 에너지의 근원이나 힘으로 생각했습니다. 단순히 성도들에게 특별한 힘을 주는 존재라고 여겼습니다. 그래서 이상한 기도원 같은 곳에서 강사가 "성령 받아라" 하면서 뭔가를 던져 주는 흉내를 내면, 모인 사람들이 받아먹는 흉내를 내기도 했습니다.

성령님은 하나님이십니다. 성부 하나님, 성자 예수님과 같은 영광을 가지신 삼위일체 하나님이십니다. 이 사실을 잊으면 안 됩니다. 성령님은 성부 하나님과 성자 예수님과 함께 천지를 창조하신 전능한 하나님이십니다.

구원을 적용하시는 분

성령님은 어떤 사역을 하실까요? 성도의 구원과 교회에 관련된 사역을 하십니다. 먼저 구원에 관련된 이야기를 해보겠습니다. 성경을 보면 우리의 구원을 위해 성부 하나님, 성자 예수님, 성령 하나님이 다 함께 일하셨다는 것을 알 수 있습니다.

먼저 성부 하나님은 우리의 구원을 계획하셨습니다. 신약성경 에베소서 1장은 하나님이 창세전에 우리를 선택하고 예정하셨다고 말합니다. 성부 하나님은 구원을 계획하신 분입니다.

성자 예수님은 성부 하나님이 계획하신 구원 계획을 이 땅에서 실행하셨습니다. 죄 없으신 예수님이 우리 죄를 위해 십자가에서 죽으심으로 우리가 받을 형벌을 대신 받으셨습니다.

인간이 죄의 심판에서 벗어나 구원받을 수 있는 길이 열린 것입니다.

그런데 예수님이 십자가에서 죽은 지 2천 년 가까이 되었습니다. 게다가 우리나라에서 비행기로 열 시간 넘게 가야 하는 예루살렘이라는 먼 도시에서 일어난 일입니다. 오늘날 대한민국에서 살아가는 나와 예수님의 죽음은 어떤 관계가 있을까요? 이것을 관계가 있도록 만드시는 분이 바로 성령님이십니다. 고린도전서 12장 3절입니다.

> 또 성령으로 아니하고는 누구든지 예수를 주시라 할 수 없느니라.

어떤 사람이 예수님을 주님이라고 고백하는 것은 그냥 자기 생각과 의지대로 할 수 있는 것이 아닙니다. 성령님이 예수님을 믿도록 도와주십니다.

성부 하나님이 계획하시고, 성자 예수님이 이루신 구원을 오늘날 우리에게 적용하시는 분이 성령 하나님이십니다. 이로써 우리가 예수님을 믿게 된 것조차 하나님의 은혜라는 것을 알 수 있습니다.

진리의 영

성령 하나님의 별명은 '진리의 영'이십니다. 성령님께 이런 별명이 붙은 이유가 무엇일까요? 성령님이 말씀과 관련된 사역을 하시기 때문입니다. 성경의 저자를 생각해 보겠습니다.

성경의 저자는 하나님이시지만 동시에 사람이기도 합니다. 사람들이 자신의 경험과 자료들을 모아 성경을 기록했지만 하나님이 그 마음을 감동하셔서 그분의 뜻대로 쓰게 하셨습니다. 성경은 하나님의 영감으로 기록되었습니다. 영감은 바람에 비유할 수 있습니다. 물 위에 떠다니는 돛단배는 바람의 힘으로 움직입니다. 여기서 돛단배는 성경을 쓰는 사람이고, 바람은 하나님의 감동, 즉 영감이라 할 수 있습니다.

이 하나님의 바람이 바로 성령님이십니다. 그렇다고 성령 하나님이 성부 하나님의 조종을 받아 움직인다는 뜻은 아닙니다. 성경을 기록하게 하는 일이 성령님의 사역이라는 말입니다. 베드로후서 1장 21절은 이렇게 말합니다.

> 예언은 언제든지 사람의 뜻으로 낸 것이 아니요 오직 성령의 감동하심을 받은 사람들이 하나님께 받아 말한 것임이라.

예언은 하나님이 사람에게 말씀하시는 방법 가운데 하나입니다. 이 예언은 사람의 뜻에서 나온 것이 아니라 성령의 감동하심을 받은 사람이 하나님께 받아 말한 것입니다. 이 말씀이 성경에 그대로 적용됩니다. 성경을 쓰는 사람에게 감동을 주고 기록하게 하시는 분이 성령님이십니다.

또한 성령님은 우리가 말씀을 깨닫도록 도와주십니다. 신약성경 요한복음 14장에는 예수님이 제자들에게 하시는 말씀이 기록되어 있습니다. 예수님이 곧 십자가를 지셔야 하는 상황을 이야기하시면서 제자들에게 걱정하지 말라고 하십니다. 예수님이 부활하여 하늘로 올라가도 제자들과 함께하실 분이 계시기 때문입니다. 바로 성령 하나님이십니다.

예수님은 제자들에게 가르치신 모든 것을 성령님이 생각나게 하실 거라고 말씀하십니다. 성령님은 우리가 하나님의 말씀을 읽을 때, 그 의미를 깨닫게 하시는 분입니다. '저자 직강'이라고 크게 현수막을 내걸고 광고하는 학원들을 본 적이 있을 것입니다. 이것은 마치 '저자 직강'과 같습니다. 성경을 기록하게 하신 성령님이 그 말씀의 의미를 우리에게 친히 가르쳐 주십니다.

교회를 세우시는 분

교회는 언제 처음 시작되었을까요? 교회의 시작에 대해서는 여러 가지로 말할 수 있습니다. 이집트에서 탈출한 이스라엘 백성은 광야에서 생활하면서 하나님께 제사 드리는 텐트를 만들었습니다. 이 텐트를 성막이라고 부르는데 교회의 시작이라고 볼 수 있습니다.

하지만 현대적인 의미에서 이 땅에 교회가 본격적으로 시작된 때를 말하자면, 보통 사도행전 2장을 이야기합니다. 예수님이 부활하고 승천하신 후 제자들이 오순절에 함께 모여 있었습니다. 그곳에 성령님이 강하게 임하셨습니다. 이것을 오순절 성령 강림 사건이라고 부릅니다. 이날이 얼마나 중요한지 부활절이나 성탄절처럼 성령강림절이라고 부르며 기념합니다. 이때가 오늘날 교회의 시작이라고 말합니다. 교회는 성령님이 이 땅에 오심으로 시작되었고, 성령님이 교회의 설립자가 되십니다. 그런데 성령님의 사역은 교회 설립으로 끝나지 않습니다.

어떤 모임이 설립되고 더 이상 운영되지 않으면 유령 단체라고 부릅니다. 세상에는 그런 유명무실한 단체가 많습니다. 하지만 교회는 다릅니다. 2천 년 전에 교회가 본격적으로 세워진 이후로 지금까지 계속 성장하고 있습니다. 이렇게 2천 년이 되도록 교회를 지키고 운영하시는 분이 바로 성령님이십니다. 교회가 운영되려면 다양한 재능을 가진 사람들이 다양한 사역을 맡아서 감당해야 합니다. 사람들에게 특별한 재능을 주시고 여러 직분을 감당할 수 있는 능력을 주시는 분이 성령님이십니다. 성령님이 주시는 특별한 재능을 흔히 성령의 은사라고 이야기합니다.

성령님이 각 사람에게 특별한 은사를 주시는 이유가 무엇일까요? 은사를 받은 사람을 돋보이게 하기 위해서가 아니라, 교회를 잘 세우기 위해서입니다. 특별한 은사를 받은 사람은 그것을 자랑할 것이 아니라 성령님이 세우신 교회를 위해 사용해야 합니다. 그렇지 않으면 교회는 무질서해지고 혼란에 빠지게 됩니다. 교회를 세우신 성령님이 지금도 교회를 유지하고 계십니다.

성령이 인도하는 삶

김구 선생이 남북회담을 위해 38선을 넘으며 지은 시입니다.

눈 덮인 들길 걸어갈 제 행여 그 걸음

아무렇게나 하지 말세라.

오늘 남긴 내 발자국이

마침내 뒷사람의 길이 되리니…

초행길인데 함박눈이 내리고 있습니다. 어디로 가야 할지 몰라 우물쭈물하고 있는데 마침 눈앞에 나보다 먼저 간 한 사람의 발자국이 보입니다. 얼마나 기쁠까요! 그 발자국을 따라가면 되니까요.

하지만 막상 발자국을 따라가려고 하니까 또다시 걱정이 앞섭니다. '이 발자국이 정말 맞는 길로 인도하는 발자국일까? 혹시 이 발자국의 주인도 가다가 길을 잃고 헤매고 있지는 않을까? 그러면 이 발자국을 따라가면 안될 텐데…'

우리의 인생을 흔히 길로 표현하곤 합니다. 인생길은 앞을 전혀 알 수 없는 미지의 세계입니다. 우리는 앞날에 대한 걱정이 많습니다. 그런데 성경은 이런 미지의 인생길에서 올바른 길을 걸어간 발자국처럼 우리를 인도하시는 분이 있다고 합니다. 그분이 바로 성령님이십니다.

신약성경 갈라디아서 5장에 보면, "성령을 따라 행하라"(16절), "성령의 인도하시는 바가 되면"(18절), "우리가 성령으로 살면"(25절)이라는 구절이 나옵니다. 우리는 성령님의 인도하심을 따라 살아야 합니다. 우리 안에 성령님이 거하시기 때문입니다. 이것은 교회에서 특별한 직분을 맡은 몇몇 사람에게만 일어나는 일이 아닙니다. 예수님을 믿는 사람이라면 누구나 그 안에 성령님이 계십니다. 우리 안에 계신 성령님이 우리 삶을 다스리십니다. 이 땅에서 내 뜻대로 사는 것이 아니라 하나님의 뜻대로 살게 하십니다.

그렇다면 성령님의 인도하심을 따라 살아가는 사람은 어떤 사람일까요? 어떤 사람이 성령님의 다스리심을 받아 사는 사람일까요? 갈라디아서 5장은 성령의 열매를 이야기합니다. 성령님의 인도하심을 따라 살아가는 사람의 삶에는 성령의 아홉 가지 열매가 열립니다.

> 오직 성령의 열매는 사랑과 희락과 화평과 오래 참음과 자비와 양선과 충성과 온유와 절제니 이같은 것을 금지할 법이 없느니라.

자신이 성령님의 인도하심을 받고 있는지 알고 싶다면, 이 아홉 가지 덕목이 삶에서 나타나고 있는지 보면 됩니다. 100점 만점으로 계산해 볼까요? 아홉 가지니까 한 가지에 10점이라고 합시다. 나머지 10점은 보너스. 이제 계산해 봅시다.

사랑은 10점 만점에 몇 점인가요? 온유는 10점 만점에 몇 점인가요? 이런 식으로 계산해서 다 합하면 최종 점수가 나오겠지요? 몇 점이 나왔나요? 혹시 낙제하지는 않았나요? 물론 신앙을 이런 식으로 수치화시켜서 계산하는 것은 말이 안 됩니다. 정확한 것도 아니고요. 그래도 '나는 지금 어떤가?'를 한 번 정도 고민해 볼 수는 있습니다.

다시 한 번 정리해 보겠습니다. 사도신경은 성령님을 믿는다고 고백합니다. 성령님은 성부 하나님, 성자 예수님과 동일한 삼위일체 하나님이십니다. 구원을 우리에게 적용하시고, 성경을 기록하게 하고 가르치시며, 이 땅에 교회를 세우고 유지하시는 분입니다. 예수님을 믿는 우리 안에 성령님이 계십니다. 우리는 성령님의 인도하심을 따라 성령님의 열매를 맺으며 살아가야 합니다.

8. 교회는 어떤 곳인가?

이제 교회에 대한 고백을 살펴보겠습니다. 아주 간단합니다.

> 거룩한 공교회.

이 말을 분석하면 셋으로 나눌 수 있습니다. '거룩한', '공', '교회.' 이제 하나씩 차근차근 어떤 의미인지 살펴보겠습니다.

교회

보통 교회라고 하면 사람들은 건물을 떠올립니다. 어떤 지역에 위치한 교회 건물을 생각합니다. 하지만 교회는 건물이 아니라 사람이라고 성경은 말합니다. 성도 한 사람 한 사람이 교회이고, 이 성도들이 모여 있는 공동체가 교회입니다. 건물은 교회인 성도들이 모이는 장소일 뿐입니다.

그렇다면 왜 건물이 아니라 성도가 교회일까요? 이것을 알기 위해서는 구약시대부터 살펴봐야 합니다. 구약시대에 이스라엘 백성은 성전에서 제사를 드렸는데, 이 성전이 이스라엘 백성에게 굉장히 중요했습니다.

지금도 이스라엘 사람들은 성전을 아주 중요하게 여깁니다. TV에서 이스라엘 사람들이 머리에 조그마한 모자 키파를 쓰고 벽을 향하여 머리를 앞뒤로 흔들면서 기도하는 모습을 본 적이 있을 것입니다. 그들은 이 벽을 통곡의 벽이라고 부릅니다. 이 벽은 그냥 벽이 아니라, 지금은 파괴된 예루살렘 성전의 일부입니다. 이스라엘 사람들은 무너진 성전을 슬퍼하면서 앞으로 회복될 성전을 기다리고 있습니다.

하지만 성전에서 중요한 것은 건물 자체가 아닙니다. 성전은 하나님이 임재하시는 장소입니다. 하나님은 특별히 성전에서 당신의 백성을 만나셨습니다. 성전에서 중요한 것은 하나님이 함께하시는 것입니다.

요한복음을 보면 예수님이 자신을 성전이라고 하십니다. 성전은 하나님이 임재하시는 곳입니다. 그런데 하나님이 사람의 몸으로 이 땅에 오셨습니다. 그러니 이것보다 더 확실한 성전은 없는 셈이지요!

또한 성전은 하나님과 백성이 만나는 곳입니다. 오늘날 우리는 누구를 통해 하나님을 만날 수 있습니까? 오직 예수님을 통해서만 하나님께로 갈 수 있습니다. 그러기에 예수님이 성전이십니다.

그런데 성경을 읽다 보면 더 굉장한 말씀이 나옵니다. 예수님을 믿는 사람 안에 성령님이 계신다고 합니다. 이것을 다시 한 번 생각해 보겠습니다. 성전이 뭐라고 했지요? 하나님이 임재하시는 곳입니다. 그런데 하나님이 이제 어디에 계십니까? 예수님을 믿는 성도 안에 계십니다. 그렇다면 쉽게 결론이 나지요? 누가 성전이 됩니까? 하나님이 거하시는 우리가 바로 성전이 됩니다. 성도가 곧 교회입니다. 내가 바로 교회입니다.

우리가 교회 되기 위해서 반드시 필요한 조건이 있습니다. 예수님에 대한 신앙 고백을 다루면서 마태복음 16장에 나오는 베드로의 신앙 고백을 보았습니다. 예수님이 너희는 나를 누구라 하느냐고 묻자 베드로가 아주 멋진 신앙 고백을 했습니다.

> 주는 그리스도시오 살아 계신 하나님의 아들이십니다.

이 신앙 고백이 중요하지만 그 다음에 나오는 이야기도 중요합니다. 예수님은 신앙 고백을 한 베드로에게 이렇게 말씀하십니다.

> 너는 베드로라. 내가 이 반석 위에 내 교회를 세우리니 음부의 권세가 이기지 못하리라.

예수님이 베드로라는 이름을 붙여 주십니다. 베드로는 '반석'을 뜻합니다. 베드로의 원래 이름은 시몬인데, 예수님이 반석이라고 이름을 붙여 주시고, 그 반석 위에 교회를 세우겠다고 말씀하신 것입니다.

   교회가 반석 위에 세워졌습니다. 반석이 교회의 기초입니다. 그렇다면 이 반석은 무엇일까요? 어떤 사람들은 말 그대로 베드로가 반석이라고 이야기합니다. 하지만 이 반석이 단지 베드로 개인이라면 문제가 많습니다. 베드로는 연약한 인간일 뿐입니다. 언제든지 실수하고 넘어질 수 있습니다. 예수님이 십자가에 달리시기 직전에 그분을 세 번이나 부인했습니다. 이런 베드로가 교회의 반석이 된다면 그 기초는 부실할 수밖에 없습니다. 언제 흔들릴지 모르는 불안한 상태입니다.

여기서 반석은 베드로 개인이 아니라 베드로가 한 신앙 고백입니다. 예수님을 주님으로, 그리스도로, 살아 계신 하나님의 아들로 고백한 신앙 고백 위에 교회가 세워졌습니다. 즉 교회는 예수님을 주님으로, 그리스도로, 하나님의 아들로 고백하는 사람들의 공동체입니다.

거룩한 교회

두 번째로 살펴볼 것은 거룩한 교회입니다. 교회는 거룩한 곳입니다. 그렇다면 거룩하다는 것은 무슨 뜻일까요?

거룩이라는 말의 히브리어는 '카데쉬'인데, '자르다'는 의미를 갖고 있습니다. 즉 카데쉬는 잘라서 분리하는 것을 말합니다. 여기에서 구별이라는 의미가 나옵니다. 거룩은 '구별되다'는 말입니다.

거룩은 본래 하나님에게 해당하는 말입니다. 하나님은 거룩하신 분입니다. 이것은 하나님은 구별되신 분이라는 말과 같습니다. 그러면 하나님은 무엇과 구별되신 분일까요? 하나님이 구별되신다는 것은 피조물과 구별되신다는 의미입니다.

하나님이 창조주이시기 때문입니다. 우리가 하나님을 거룩하다고 고백하는 것은 창조주 되신 하나님, 이 땅의 주인 되신 하나님, 만왕의 왕 되신 하나님을 고백하는 것입니다.

그렇다면 교회가 거룩하다는 말은 무슨 뜻일까요? 구약성경에 보면, 하나님은 이렇게 자주 말씀하십니다.

내가 거룩하니 너희도 거룩하라.

하나님이 그분의 거룩한 성품을 따라 살 것을 백성에게 직접 명령하십니다.

교회가 어떻게 거룩할 수 있습니까? 피조물인 우리가 어떻게 구별될 수 있을까요? 보통 거룩하다고 하면, 뭔가 조용하고 엄숙하며 장엄한 분위기를 떠올립니다. 고딕 양식으로 지은 예배당에서 파이프 오르간으로 장엄하게 반주하는 교회가 거룩한 교회일까요? 낮은 중저음으로 조용히 말하고 뭔가 엄숙한 분위기가 흐르는 사람이 거룩한 사람일까요?

구약성경 출애굽기 3장을 보면, 모세가 하나님께 소명을 받는 장면이 나옵니다. 이집트 사람을 죽이고 도망친 모세가 광야에서 40년간 살게 됩니다. 그러던 중 호렙산에서 하나님께 소명을 받습니다. 그때 하나님이 모세에게 말씀하십니다.

이리로 가까이 오지 말라. 네가 선 곳은 거룩한 땅이니 네 발에서 신을 벗으라.

하나님은 지금 모세가 밟고 서 있는 곳이 거룩한 땅이라고 말씀하십니다. 왜 거룩한 땅일까요? 원래 처음부터 거룩하게 구별된 땅일까요?

그렇지 않습니다. 모세는 광야에서 40년을 지냈습니다. 지금 밟고 있는 땅도 수시로 왔다갔다 했을 것입니다. 왜 그때는 거룩한 땅이 아니었고 지금은 거룩한 땅이 되었을까요? 이유는 간단합니다. 하나님이 지금 그곳에 임재하셨기 때문입니다. 지금 이 땅에서 하나님이 모세와 만나 새로운 관계를 맺고 계시기 때문입니다.

거룩한 하나님의 임재가 있는 곳, 거룩한 하나님과 관계 있는 곳이 바로 거룩한 땅입니다. 하나님의 임재 안에 있는 사람, 하나님과 관계 있는 사람이 거룩한 사람입니다. 거룩은 오직 하나님과의 관계에서만 쓸 수 있는 말입니다. 교회가 거룩하다는 것도 마찬가지입니다. 왜 교회가 거룩할까요? 하나님이 함께하시기 때문입니다. 지금도 하나님이 교회를 통해서 일하시기 때문입니다.

그렇다면 거룩한 교회인 우리에게 요구되는 삶의 모습은 분명합니다. 하나님 안에 있는 사람처럼 살아야 합니다. 하나님과 관계 있는 모습으로 살아야 합니다. 세상의 방법과 세상의 가치관과 구별된 하나님의 방법과 하나님의 가치관대로, 즉 성경이 명령하는 대로 살아야 합니다. 물론 이렇게 사는 것이 쉽지 않습니다. 이 세상이 악하기 때문입니다. 하나님을 떠난 이 세상에서 성경 말씀을 지키며 사는 일이 쉽지 않습니다.

남성 잡지 〈에스콰이어〉의 편집자 제이콥스는 미국 뉴욕에 사는 유대인이자 불가지론자입니다. 불가지론은 신이 있는지 없는지 잘 모르겠다는 말입니다. 어느 날 제이콥스가 한 가지 결심을 합니다. '성경에 있는 말씀 그대로 1년을 살아 보자.' 그렇게 1년을 산 뒤에 『미친 척하고 성경 말씀대로 살아 본 1년』(*The Year of Living Biblically*)이라는 책을 썼습니다.

제이콥스는 정말 진지하게 준비를 했습니다. 먼저 16권의 영어 성경을 구입해서 한 달 동안 하루 5시간씩 집중해서 읽었습니다. 그러면서 실천해야 할 말씀을 일일이 찾아서 컴퓨터에 입력했습니다. 그렇게 정리한 실천 목록이 700개가 넘었습니다. 또 성경의 뜻을 정확하게 알기 위해서 100권이 넘는 참고 도서를 읽고, 영적 자문위원단까지 구성해서 도움을 받았다고 합니다.

이렇게 철저하게 준비한 뒤 드디어 실천하기 시작했습니다.

그런데 시작하는 날 아침부터 문제가 발생합니다. 아침에 일어나 옷을 입으려고 하는데 옷부터 말썽입니다. 레위기 19장에 두 재료로 직조한 옷을 입지 말라는 말씀이 나옵니다. 그래서 폴리에스테르와 면 혼방 티셔츠부터 벗고 자기 옷을 하나씩 살펴보기 시작했습니다. 어떤 옷은 재질을 정확히 알기 위해 연구소로 보냈습니다. 이러한 문제부터 시작하여 삶 속에서 사소한 문제를 하나씩 맞춰 가기 시작했습니다. 이렇게 성경 말씀을 문자 그대로 세세하게 지키면서 1년을 살았습니다.

그렇다고 제이콥스가 그리스도인이 되지는 않았습니다. 하지만 삶의 변화가 생겼습니다. 아무도 신호를 지키지 않는 맨해튼 거리에서 꿋꿋이 신호등을 따르고, 거짓말을 안 하려고 노력하며, 수입의 십일조를 아시아 지역 고아들을 위해 자선단체에 기부한다고 합니다. 그중 가장 큰 변화는 '감사'라고 합니다. 전에는 특별한 일에만 감사했는데, 지금은 모든 일상에 감사하게 되었다고 이야기합니다.

우리가 오늘날 하나님의 뜻대로, 성경 말씀대로 살자는 것은 제이콥스처럼 문자 그대로 지키자는 것이 아닙니다. 하지만 그의 행동은 오늘날 교회의 모습을 돌아보게 합니다. 하나님의 뜻대로 살려고 얼마나 노력하는지, 성경의 가르대로 살려고 얼마나 치열하게 고민하는지 돌아보게 합니다.

교회는 하나님을 따라 거룩한 곳이고, 성도는 거룩한 하나님이 함께하시는 거룩한 사람입니다. 그렇다면 그 이름에 걸맞도록 거룩하게 살아야 합니다. 악한 세상을 따라 살지 말고, 손해를 보더라도 정직하고 의롭게 살아야 합니다. 이것이 교회가 이 땅에서 보여야 하는 모습입니다.

공교회

교회에 대한 마지막 고백은 '공교회'입니다. 공교회를 어떤 영어성경은 'Catholic Church'(가톨릭교회)라고 번역합니다. 이 말은 지금 로마에 교황청이 있는 가톨릭교, 즉 천주교를 뜻하는 것이 아닙니다.

여기서 'Catholic'은 보편적이라는 의미입니다. 공교회는 보편적인 교회라는 말입니다. 그렇다면 교회가 보편적이라는 것은 어떤 의미일까요? 이것은 교회가 세상의 어떤 차이나 차별을 넘어서는 공동체라는 뜻입니다.

세상에 많은 모임과 조직이 있습니다. 어떤 조직에 들어가려면 특별한 자격 조건을 요구받기도 합니다. 특정한 직업을 가진 사람만 가입할 수 있는 조직도 있고, 특별한 지역이나 특별한 학교 출신만 들어갈 수 있는 모임도 있습니다.

하지만 교회에는 특별한 자격 조건이 없습니다. 흑인인지, 백인인지, 황인인지 아무 상관이 없습니다. 남자인지, 여자인지도 중요하지 않습니다. 부요한지, 가난한지, 공부를 많이 한 박사인지, 초등학교만 나온 사람인지도 문제가 되지 않습니다. 높은 지위에 있는 사람이나 낮은 지위에 있는 사람이나 아무런 차이가 없습니다.

교회는 각 사람의 배경과 상관없이 누구든지 한 공동체가 될 수 있습니다. 물론 한 가지 조건이 있습니다. 예수님을 주님으로, 그리스도로, 하나님의 아들로 믿어야 합니다. 예수님을 믿는 사람이라면 누구나 교회의 일원이 될 수 있습니다. 이것이 교회가 보편적이라는 말의 뜻입니다.

유대인들은 이것을 이해할 수 없었습니다. '선민사상'이라는 말을 들어 보았을 것입니다. 유대인들은 자신들만 하나님의 특별한 사랑을 받는 민족이라고 생각했습니다. 아브라함의 자손인 자신들만 구원받은 백성이라고 여겨서 자기 민족 외에는 다 이방인이라고 불렀습니다. 이방인들은 자신들과 달리 속되고 불결한 사람들이라고 생각했습니다.

이런 유대인들의 잘못된 생각을 완전히 깨버린 사건이 있습니다. 예수님의 십자가 사건입니다. 에베소서 2장에 보면 예수님이 중간에 막힌 담을 자신의 육체로 허무셨다고 말합니다. 예수님의 십자가가 사람들이 나눈 잘못된 담을 모두 헐어 버렸습니다.

갈라디아서 3장을 보면, 유대인이나 헬라인이나 종이나 자유인이나 남자나 여자나 다 예수님 안에서 하나라고 합니다. 당시 시대적 상황에서 정말 혁신적인 말씀입니다. 유대인들이 다른 민족을 어떻게 생각했는지는 이미 앞에서 언급했습니다. 게다가 종과 자유인이 하나가 될 수 있다니요! 당시는 종을 부리던 시대였습니다. 종은 노예를 말합니다. 당시 노예는 사람 취급을 받지 못했고 가축과 같은 대우를 받았습니다. 가축을 사고팔 듯이 노예를 사고팔았습니다.

남자와 여자의 관계도 마찬가지입니다. 지금과는 너무 달랐습니다. 가정에서 아버지는 말 그대로 무소불위의 권력을 갖고 있었습니다. 심지어 가족의 생살여탈권도 갖고 있었습니다. 이런 시대에 유대인이나 헬라인이나, 종이나 자유인이나, 남자나 여자나 예수님 안에서 한 교회의 일원이 될 수 있다는 것은 정말 충격적인 말이었습니다.

그렇다면 오늘날 교회가 어떤 곳이 되어야 하는지 아주 분명해집니다. 교회에서 어떤 차별이나 구별이 있어서는 안 됩니다. 어떤 사람이 직업 때문에 더 좋은 대우를 받거나, 반대로 더 나쁜 대우를 받아서는 안 됩니다. 교회에서 경상도니, 전라도니, 충청도니 하면서 출신 지역으로 아웅다웅하는 일이 있어서도 안 됩니다.

만약 교회에서 누군가를 차별하고 무시한다면, 그것은 단순히 한 개인에 대한 일을 넘어서는 것입니다. 예수님이 피값을 주고 사신 하나님의 자녀를 무시하는 일입니다. 교회는 모든 사람이 함께 모여 세워 가는 보편적 공동체입니다.

성도의 교제

요즈음 '가나안 성도'라는 말이 유행하고 있습니다. 혹시 들어 본 적이 있나요? 구약성경에 보면, 가나안은 이집트에서 탈출한 백성에게 하나님이 약속하신 땅입니다. 이렇게 보면 '가나안 성도'라는 말은 하나님의 약속을 소망하는 사람들처럼 보입니다.

하지만 안타깝게도 그런 뜻이 아닙니다. '가나안'을 거꾸로 하면 '안나가'입니다. 가나안 성도는 교회에 안 나가는 성도를 지칭합니다. 여러 가지 이유로 교회에 출석하지 않고 혼자 신앙생활을 하는 사람을 가리키는 말입니다. 요즈음 가나안 성도가 늘고 있다는 이야기를 많이 듣습니다.

한국교회가 사회에서 많은 비난을 받고 있습니다. 그런 이유로 실망해서 교회에 안 나오는 사람이 있습니다. 또 교회도 사람들이 모인 곳이라 관계에서 이런저런 어려움이 생기고 그로 인해 신앙생활을 잘 못하니까 차라리 그냥 혼자 믿겠다는 사람도 있습니다.

교회에 나오지 않으려는 그 마음이 한편으로는 이해가 됩니다. 교회에서 벌어지는 일들을 보면 실망스러울 때도 있습니다. 하지만 그 기간이 길어지면 안 됩니다. 교회는 본질적으로 공동체를 이루는 곳이기 때문입니다.

사도신경도 이 부분을 고백합니다. 교회에 대한 고백에 이어 성도의 교제에 대한 고백이 나옵니다. 교제는 혼자 할 수 없습니다. 교제할 수 있는 대상이 있어야 합니다. 사도신경의 고백은 이미 교회가 공동체라는 것을 전제로 합니다.

또 성도의 교제는 해도 되고 안 해도 되는 것이 아닙니다. 사도행전 2장 42절은 이렇게 말합니다.

> 그들이 사도의 가르침을 받아 서로 교제하고 떡을 떼며 오로지 기도하기를 힘쓰니라.

여기에 초대교회가 힘쓴 네 가지가 나옵니다. 가르침, 교제, 떡을 떼는 것, 기도입니다. 떡을 떼는 것은 예배를 의미합니다. 초대교회는 말씀과 교제와 예배와 기도에 힘쓴 공동체입니다.

성도 간의 교제는 안 해도 되는 것이 아닙니다. 그냥 알고 지내는 정도도 아닙니다. 말씀을 배우듯이, 예배를 하듯이, 기도를 드리듯이 힘써서 해야 합니다. 교제 역시 교회의 본질적인 사명 가운데 하나입니다. 왜 그럴까요? 왜 교회는 공동체이고, 이 공동체에서 서로 교제하는 것이 중요할까요? 이 교제가 하나님으로부터 왔기 때문입니다.

요한복음 17장에 보면, 제자들을 위한 예수님의 기도가 나옵니다. 예수님이 십자가에 달리시기 전에 제자들을 위해 하나님께 간절히 기도하십니다. 요한복음 17장 11절입니다.

> 나는 세상에 더 있지 아니하오나 그들은 세상에 있사옵고 나는 아버지께로 가옵나니 거룩하신 아버지여 내게 주신 아버지의 이름으로 그들을 보전하사 우리와 같이 그들도 하나가 되게 하옵소서.

이제 예수님은 십자가에서 우리 죄를 담당하시고 제자들을 떠나 하나님께로 가십니다. 남아 있는 제자들이 살아가야 하는 세상은 그들을 대적하는 악한 세상입니다. 바로 이런 상황에서 예수님은 제자들이 하나가 되게 해달라고 기도하십니다. 악한 세상을 이기기 위해서는 제자들이 하나가 되어야 합니다.

'동물의 왕국' 같은 TV 프로그램을 보면 작은 물고기들이 큰 떼를 이루어 다닙니다. 이렇게 떼로 몰려다니면 큰 물고기들이 자기보다 큰 물고기로 착각하고 잡아먹지 않기 때문입니다. 초원에서 초식동물이 떼로 몰려다니는 이유도 맹수로부터 자신을 보호하기 위해서라고 합니다. 혼자 있을 때는 쉽게 덤벼드는 맹수라도 떼로 무리를 지어 있으면 쉽게 접근하지 못합니다. 서로 함께하는 것. 이것 자체가 큰 힘을 발휘합니다. 그래서 예수님은 제자들이 하나가 되도록 기도하셨습니다.

여기에서 살펴볼 것이 하나 더 있습니다. 제자들이 하나가 되어야 하는데 그 모델이 있습니다.

> 우리와 같이 그들도 하나가 되게 하옵소서.

예수님은 우리와 같이 그들도 하나가 되게 해달라고 기도하십니다. 여기서 우리는 성부 하나님과 성자 예수님을 의미합니다. 즉 하나님과 예수님이 하나가 되었듯이 제자들이 하나가 되기를 기도하십니다.

예수님은 삼위일체 하나님이 하나가 되신 것을 모델로 제시하십니다. 교회가 서로 교제하는 것은 하나님의 모습을 따르는 것임을 알 수 있습니다. 삼위 하나님이 하나가 되어 교제하셨듯이 교회도 성도끼리 하나가 되어 교제해야 합니다. 그런데 이 교제는 그냥 서로 친하게 지내는 정도가 아닙니다. 가끔 모여서 밥을 먹고, 친해지기 위해 단합대회를 하는 정도가 아닙니다. 물론 이런 것도 중요하지만 이것을 뛰어넘습니다.

초대교회를 보면, 성도 간의 교제는 서로 친하게 알고 지내는 것을 뛰어넘어 곤란에 빠진 성도를 실제로 돕는 것을 의미했습니다. 심지어 자기 재산을 내놓는 사람도 있었습니다. 이런 성도의 교제를 통해 초대교회 공동체는 건강하게 성장할 수 있었습니다.

밴드 넥스트의 '도시인'이라는 노래가 있습니다. 노래 중에 이런 가사가 있습니다.

> 모두가 똑같은 얼굴을 하고 손을 내밀어 악수하지만
> 가슴 속에는 모두 다른 마음 각자 걸어가고 있는 거야.
> 아무런 말없이 어디로 가는가 함께 있지만 외로운 사람들.

이 가사는 현대인들의 외로움과 고독을 너무 잘 표현하고 있

습니다. '함께 있지만 외로운 사람들.'

외롭게 살아가는 현대인들에게 교회가 성도의 교제를 통해 깊은 위로가 되기를 간절히 바랍니다.

9. 구원의 은혜

죄를 용서받는 것

이제 마지막 부분을 살펴보겠습니다. 사도신경은 교회에 대한 고백을 하고 나서, 교회인 성도들이 받는 구원의 은혜를 이야기하는 것으로 마무리됩니다. 우리는 죄 용서와 부활과 영생을 믿습니다.

사도신경은 우리 죄를 용서받았다는 사실을 고백합니다. 죄를 용서받았다는 것은 우리가 죄 때문에 받는 형벌을 더 이상 걱정할 필요가 없다는 말입니다. 사도신경은 이 사실을 믿는다고 고백합니다.

사실, 이것은 쉽게 믿을 수 있는 일이 아닙니다. 누군가에게 잘못을 했다고 생각해 보십시오. 어떻게 해야 그 잘못을 용서 받을 수 있습니까? 뭔가 행동을 해야 합니다. 재산상의 피해를 입혔다면 그 피해를 보상해 주어야 하고, 몸을 다치게 했다면 치료해 주어야 합니다. 물론 잘못을 인정하고 사과하는 것은 기본입니다.

그런데 하나님이 우리 죄를 용서해 주셨는데, 우리에게 요구하시는 것이 하나도 없습니다. 우리가 죄를 용서받기 위해 한 일이 전혀 없습니다. 그렇다면 우리 죄가 어떻게 용서받았을까요? 이것에 대한 좋은 그림이 구약성경에 나옵니다. 레위기에 보면 대속죄일이라는 절기가 나옵니다. 이스라엘 종교력으로는 7월 10일입니다. 일 년에 한 번 이스라엘 백성의 모든 죄가 용서받는 날입니다.

이때 아주 중요한 의식이 있습니다. 이스라엘 백성의 죄를 용서받기 위해 염소 두 마리를 선택합니다. 그중 한 마리는 우리에게 익숙한 대로 성전에서 속죄제물로 드리고, 나머지 한 마리는 좀 특별한 방법으로 처리합니다.

대제사장이 남은 한 마리 염소의 머리에 안수를 합니다. 이 것은 이스라엘 백성이 지은 모든 죄를 그 염소에게 전가시킨다는 의미입니다. 그 염소를 아사셀 염소라고 부르는데, 이스라엘 백성의 모든 죄를 짊어지고 광야로 가게 됩니다. 아무것도 없는 황량한 광야에서 굶주리다 들짐승의 먹이가 됩니다. 이것이 어떤 의미인지 알겠습니까? 아사셀 염소가 이스라엘 백성의 죄를 대신하여 광야에서 형벌을 받아 죽는 것입니다. 이렇게 해서 이스라엘 백성의 죄가 용서받게 됩니다.

그런데 세례 요한이 자신에게 세례를 받으러 오시는 예수님을 보고 이렇게 이야기합니다.

> 보라 세상 죄를 지고 가는 하나님의 어린양이로다.

여기서 요한이 비유하고 있는 것이 바로 구약의 아사셀 염소입니다. 예수님이 구약의 아사셀 염소처럼 세상 죄를 지고 가신다는 의미입니다. 아사셀 염소는 백성의 죄를 지고 광야에서 죽었습니다. 예수님도 우리 죄를 지고 십자가에서 죽으셨습니다.

하나님이 우리 죄를 그냥 용서하신 것이 아닙니다. 우리가 한 것은 전혀 없지만 예수님이 우리 대신 죄의 형벌을 받으셨습니다. 우리가 치른 대가는 없지만 하나님이 사랑하시는 하나뿐인 아들을 대가로 치르고 우리를 용서하셨습니다.

우리 죄가 용서받은 것은 어느 누구도 취소할 수 없습니다. 하나님 아들의 피로 우리가 용서받았는데, 누가 감히 우리를 하나님의 사랑에서 끊을 수 있겠습니까? 누가 뭐라고 해도 우리는 하나님께 용서를 받은 하나님의 자녀입니다. 사도신경은 이 사실을 고백합니다.

몸이 다시 사는 것

이청준의 소설 『축제』의 배경은 장례식입니다. 그는 장례식을 축제로 표현했습니다. 음식이 잔뜩 차려져 있고, 손님들로 왁자지껄한 장례식장의 모습이 축제 같아 보인다는 거지요. 하지만 이 축제는 마냥 즐거워할 수 있는 축제가 아닙니다. 사랑하는 사람의 죽음 앞에서 소리 높여 곡하며 애통해도 풀리지 않는 슬픔이 있습니다.

교회에서 주관하는 성도의 장례식에 가도 사랑하는 사람을 잃은 유가족의 깊은 슬픔과 아무리 울어도 마르지 않는 눈물이 있습니다. 하지만 교회의 장례식은 이 슬픔으로 끝나지 않습니다. 하나님께 예배를 드리고 감사하며 찬양을 드립니다. 교회의 장례식장이야말로 어떤 의미에서 축제의 현장입니다. 성도의 죽음은 끝이 아님을 알기 때문이지요.

죽음은 무엇을 의미할까요? 의학적으로 심장사를 주장하

는 사람이 있고, 뇌사를 주장하는 사람이 있습니다. 둘 중에 어느 것이 더 의학적으로 맞는지는 모르겠습니다. 성경은 어느 쪽이 맞는지 언급하지 않습니다. 성경에서 죽음은 '분리'의 개념을 갖고 있습니다. 분리되는 것이 죽음입니다. 성경에서 말하는 죽음은 크게 셋으로 나눌 수 있습니다. 영적인 죽음, 육적인 죽음, 영원한 죽음입니다. 영원한 죽음은 나중에 다루고, 먼저 영적인 죽음과 육적인 죽음을 살펴보겠습니다.

영적인 죽음은 인간이 하나님으로부터 분리된 상태를 말합니다. 이 분리를 만든 것이 바로 죄입니다. 피조물인 인간이 창조주 하나님으로부터 분리되었다는 것은 아무런 소망도 없는 상태를 말합니다. 살아 있는 것처럼 보이지만 사실은 죽은 상태입니다.

길가에 피어 있는 꽃을 생각해 보십시오. 나뭇가지에 붙어 있는 꽃을 꺾으면 어떻게 되지요? 꺾은 꽃이 아무리 예뻐도 더 이상 살아 있는 꽃이 아닙니다. 이내 시들어 죽게 됩니다. 꽃은 나뭇가지에 붙어 있을 때 살 수 있습니다. 인간도 마찬가지입니다. 인간은 하나님 안에 거할 때 살 수 있습니다. 죄로 인해 하나님과 분리된 인간은 겉으로는 살아 있는 것처럼 보이지만 영적으로는 죽은 상태입니다.

그렇다면 육적인 죽음은 무엇일까요? 역시 분리되는 것입니다. 인간은 육체와 영혼으로 구성되어 있습니다. 우리 몸이 죽는다는 것은 육체와 영혼이 분리되는 것입니다. 죽으면 우리 육체는 이 땅에 그대로 남아 있지만 영혼은 이 땅에 남아 있지 않습니다. 구원받은 성도의 영혼은 천국으로 가고, 구원받지 못한 사람의 영혼은 지옥으로 가게 됩니다.

성도의 죽음은 진정한 의미에서 축제입니다. 죽음으로 끝나는 것이 아니라 그토록 소망했던 천국에 갑니다. 천국에서 하나님과 함께 거하게 됩니다. 그래서 장례식장을 떠나는 마지막 예배를 '천국 환송 예배'라고 부르기도 합니다.

그런데 여기서 끝나지 않습니다. 성경은 몸의 부활을 이야기합니다. 이미 죽은 우리 몸이 이 땅에서 썩어 없어지는 것으로 끝나지 않고 부활합니다. 언제인지 모르지만 예수님이 이 땅에 재림하실 때 흙으로 돌아간 육체가 부활하여 영혼과 다시 결합하게 됩니다. 육체와 영혼을 가진 완전한 인간으로 다시 살게 됩니다.

우리가 얻게 될 부활의 몸은 어떨까요? 지금의 육체와 같지만 다를 것입니다. 연속성과 불연속성이 있습니다. 원래 몸의 정체성은 그대로 가지고 있습니다. 하지만 원래 몸과 같은 몸이 아니라 더 이상 죽지도 않고 썩지도 않는 신령한 몸, 영광스러운 몸입니다.

이것을 모델로 보여 주신 분이 예수님이십니다. 예수님이 십자가에서 죽으시고 3일 만에 부활하셔서 성도에게 영광스러운 부활이 있다는 것을 보여 주는 첫 열매가 되셨습니다. 우리는 예수님의 부활을 보면서 우리도 영광스럽게 부활할 것을 소망하게 됩니다.

영원히 사는 것

'은하철도 999'라는 애니메이션을 아시나요? 이 애니메이션을 보지는 못했더라도 '기차가 어둠을 헤치고 은하수를 건너면'으로 시작하는 주제가는 들어봤을 것입니다. 주인공 철이와 메텔이 은하철도 999를 타고 우주를 여행하는 이야기입니다.

이 애니메이션이 정말 유명한데, 왜 철이가 기차를 타고 우주를 여행하는지 그 목적은 잘 모르는 사람이 많습니다. 이 여행의 목적지는 인간의 몸을 기계의 몸으로 바꾸어 영원히 살게 해주는 행성입니다. 영원한 생명을 얻기 위한 여행이지요. 과학의 힘으로 영생을 얻고자 하는 인간의 욕망이 나타나 있습니다. 영원한 생명, 즉 영생을 향한 인간의 욕망은 예전부터 지금까지 계속 있었습니다.

도대체 영생이 무엇일까요? 말 그대로 영원히 사는 것일까요? 앞에서 죽음에 대해 이야기하면서 세 가지 죽음, 즉 영적인 죽음, 육적인 죽음, 영원한 죽음에 대해 다루었습니다. 영적인 죽음은 인간이 하나님과 분리되어 있는 것이고, 육적인 죽음은 영혼과 육체가 분리되는 것입니다. 영원한 죽음은 영적인 죽음의 결과라고 볼 수 있습니다. 구원받지 못한 사람들이 하나님의 심판 아래 영원히 사는 것을 말합니다. 그래서 이것을 '영벌'이라고 부릅니다.

영생은 단순히 영원히 사는 것을 말하지 않습니다. 어떤 상태로 누구와 사느냐가 중요한 문제입니다. 영생은 우리가 예수님을 믿는 순간 시작됩니다. 영적인 죽음은 하나님과 분리된 상태라고 했습니다. 예수님을 믿는 순간 이 관계가 회복되어 영적인 죽음에서 벗어나 새로운 생명을 얻게 됩니다.

예수님을 믿는 우리는 이미 영생을 얻은 사람입니다. 이 땅에서 영생을 누리며 살다가 예수님이 재림하시면 부활의 몸으로 새 하늘과 새 땅에서 하나님과 영원토록 행복하게 살게 됩니다. 우리가 장차 누릴 삶이 성경의 마지막 책 요한계시록에 자세히 묘사되어 있습니다. 사도신경은 이렇게 영생을 믿는다는 고백으로 마무리됩니다.

이제 사도신경을 다시 한 번 정리해 보겠습니다. 사도신경은 우리가 무엇을 믿는지에 대한 고백입니다. 우리는 성부 하나님, 성자 예수님, 성령 하나님이 어떤 분이시고, 무슨 일을 하셨는지를 알고 믿는 사람들입니다. 이런 사람들을 교회라고 부릅니다. 교회인 성도는 우리 죄가 용서받았다는 사실을 알고, 부활하여 하나님과 함께 사는 영원한 삶을 소망하는 사람입니다.

이 사도신경의 고백을 통해 여러분의 신앙이 소망 안에서 든든하게 자라가기를 축복합니다.

닫는 글
하나님께 얼마나 길들여져 있나요?

이번에 청년들과 1박 2일로 가을 수련회를 다녀왔습니다. 주일 오전 예배를 드리고 출발하여 다음 날 12시에 마치는 짧은 수련회였습니다. 이 짧은 수련회 동안 강의를 세 번 했습니다. 도착하여 오후 4시에 첫 번째 강의를 하고, 저녁을 먹고 다른 프로그램을 진행하다가 밤 10시 30분에 두 번째 강의를 하고, 다음날 오전 10시에 마지막 강의를 했습니다.

1박 2일치고는 아주 빡빡한 강의 일정이었습니다. 주일 예배를 드리고 수련회에 가서 곧바로 강의를 듣고, 새벽까지 놀다가 자서 피곤한데도 마지막 강의까지 잘 들어 준 청년들이 고맙고 대견했습니다.

수련회 강의 주제는 '사도신경'이었습니다. 이 책의 내용으로 성부 하나님, 성자 하나님, 성령 하나님에 대해 강의했습니다. 매 주일마다 별 의미 없이 암송하던 사도신경의 내용을 하나씩 배우면서 신앙의 기초를 단단하게 세울 수 있는 유익한 시간이었습니다. 또한 사도신경으로 기독교 교리를 배우는 것이 나름 재미있고 은혜가 있다는 것을 확인하는 시간이기도 했습니다.

청년들에게 사도신경을 강의하면서 두 가지를 강조했습니다. 첫 번째는 지식입니다. 일단 뭐가 뭔지 알아야 합니다. 성경 말씀에 대한 기본적인 지식 위에 신앙을 세워야 합니다. 두 번째는 삶입니다. 성경 말씀이 지식으로만 끝나면 의미가 없습니다. 삶으로 이어져야 합니다. 삶으로 이어지지 않는 말씀은 아무런 영향력이 없기 때문입니다.

생텍쥐페리가 쓴 『어린 왕자』(Le Petit Prince)에 보면 어린 왕자와 사막여우가 대화하는 내용이 나옵니다. 어린 왕자가 여우에게 같이 놀자고 하는데, 여우는 놀 수 없다고 합니다. 아직은 자기가 어린 왕자에게 길들여지지 않았기 때문이라고 말합니다. 여우는 길들여지는 것은 관계를 만드는 것이라고 설명합니다.

우리도 하나님께 길들여져야 합니다. 성경은 이것을 '아는 것'이라고 말합니다. 히브리 문화에서 '아는 것'은 단순히 어떤 지식이나 정보를 아는 것을 의미하지 않습니다. 서로 관계를 갖고 경험하는 것을 의미합니다.

우리는 지금까지 사도신경을 살펴보면서 삼위일체 하나님이 어떤 분이시고 무슨 일을 하셨는지 알게 되었습니다. 그런데 자칫하면 하나님에 대한 정보를 아는 것으로만 그칠 수 있습니다. 하지만 사도신경은 우리의 신앙 고백입니다. 단지 아는 것으로 그치는 것이 아니라 우리 자신의 믿음으로 고백해야 합니다. 우리 삶에서 분명히 나타나야 합니다. 그럴 때 우리는 하나님을 경험할 수 있습니다. 이것이 하나님을 아는 것이고, 하나님께 길들여지는 것입니다.

사도신경을 마치면서 마지막으로 이 질문을 하고 싶습니다. 스스로에게 하는 질문이기도 합니다. "하나님께 얼마나 길들여져 있나요?"

> 넌 나에게 아직은 수없이 많은 다른 어린아이들과 조금도 다를 바 없는 한 아이에 지나지 않아. 그래서 나는 널 별로 필요로 하지 않아. 너 역시 날 필요로 하지 않고. 나도 너에게는 수없이 많은 다른 여우들과 조금도 다를 바 없는 한 마리 여우에 지나지 않지. 하지만 네가 나를 길들인다면 우리는 서로를 필요

로 하게 되는 거야. 너는 내게 이 세상에서 하나밖에 없는 존재가 되는 거야. 난 네게 이 세상에서 하나밖에 없는 존재가 될 거고….[*]

---

[*] 생텍쥐페리, 『어린 왕자』(Le Petit Prince), 문학동네, p 99.

추천도서

사도신경에 대해 좀 더 자세히 알고 싶다면, 두 종류의 책을 봐야 합니다. 하나는 사도신경 자체에 대한 책이고, 다른 하나는 사도신경에 나오는 각 부분에 대한 교리를 다룬 책입니다. 먼저 사도신경에 대한 많은 책들 가운데 다른 책들과 차별성이 있는 세 권을 소개합니다.

1. 이승구 『사도신경』
사도신경을 교과서적으로 정리하고 싶다면, 이 책을 추천합니다. 각 주제에 대해 자세하고 깊이 있게 정리되어 있습니다.

2. 백금산 글, 김종두 그림 『만화 사도신경』
최근 '부흥과 개혁사'에서 다양한 기독교 만화를 펴내고 있습니다. 만화라고 무시하면 안 됩니다. 내용이 충실하고 만화라서 접근하기도 쉽습니다. 부담 없이 사도신경을 공부하고 싶은 분들에게 추천합니다.

3. 강영안 『신을 모르는 시대의 하나님』

강영안 교수는 목회자나 신학자가 아니라 철학과 교수입니다. 그러나 성경적으로나 신학적으로 부족함이 없으며, 인문학적 통찰을 가지고 사도신경을 볼 수 있게 해줍니다. 다만 사도신경 전체를 다루지 않고 성부 하나님에 대한 부분만 다루고 있으므로 후속편이 어서 나왔으면 좋겠습니다.

＊＊＊

다음은 교리를 다루는 조직신학에 대한 책입니다. 사도신경의 성부 하나님에 대한 부분은 조직신학의 신론에서 다룹니다. 성자 예수님에 대한 부분은 기독론에서 다룹니다. 성령 하나님에 대한 부분은 구원론에 포함되는 경우가 많습니다. 교회에 대한 부분은 교회론을 보면 됩니다. 조직신학 서적은 내용이 방대하고 어려운 경우가 대부분입니다. 그나마 쉽게 읽을 수 있는 책으로 마틴 로이드 존스 목사의 교리 강좌 시리즈를 추천합니다.

마틴 로이드 존스 『교리 강좌 시리즈 1-3』

이 시리즈는 마틴 로이드 존스 목사가 교회에서 교리에 대해 설교한 내용을 엮은 것입니다. 다른 책들보다 교리를 쉽게 이해할 수 있고 내용도 풍부합니다.